高校体育教学理论分析与教学改革实践研究

余红盈 ◎ 著

吉林出版集团股份有限公司

图书在版编目（CIP）数据

高校体育教学理论分析与教学改革实践研究 / 余红盈著. — 长春：吉林出版集团股份有限公司，2024.6
ISBN 978-7-5731-5095-0

Ⅰ．①高… Ⅱ．①余… Ⅲ．①体育教学－教学研究－高等学校 Ⅳ．①G807.4

中国国家版本馆CIP数据核字（2024）第110318号

高校体育教学理论分析与教学改革实践研究
GAOXIAO TIYU JIAOXUE LILUN FENXI YU JIAOXUE GAIGE SHIJIAN YANJIU

著　　者	余红盈
责任编辑	张继玲
封面设计	林　吉
开　　本	710mm×1000mm　1/16
字　　数	180 千
印　　张	18.75
版　　次	2024 年 6 月第 1 版
印　　次	2024 年 6 月第 1 次印刷

出版发行　吉林出版集团股份有限公司

电　　话　总编办：010-63109269
　　　　　　发行部：010-63109269

印　　刷　廊坊市广阳区九洲印刷厂

ISBN 978-7-5731-5095-0　　　　　　　　　　　定价：78.00 元

版权所有　　侵权必究

前　言

　　随着社会的快速发展和科技的日新月异，高校体育教学面临着前所未有的挑战和机遇。体育教学作为高校教育的重要组成部分，不仅关乎学生身体素质的提升，更关系到学生的全面发展和终身健康的塑造。因此，对高校体育教学进行理论分析与教学改革实践研究，具有重要的现实意义和深远的社会影响。

　　理论教学是体育教育的基石，通过对体育教学理论的深入分析，可以更好地理解体育教学的本质、目标和方法，为教学实践提供有力的理论支撑。同时，理论教学也是培养学生体育素养的重要途径，有助于学生树立正确的体育观念，掌握科学的锻炼方法，形成良好的运动习惯。然而，当前高校体育教学在理论层面和实践层面都还存在一定的不足，主要表现在以下两方面：一方面，部分高校对体育教学理论的研究不够深入，缺乏对体育教学内在规律和特点的深入探索。另一方面，体育教学改革实践往往滞后于理论发展，难以将最新的教学理念和方法有效地应用到教学实践中。

本书从体育教学理论入手，介绍了高校体育教学理念，详细地分析了高校体育教学模式的革新与发展、高校体育教学设计改革，接着深入探讨了高校体育教学方法的改革与创新，并对体育教学发展的展望做出重要研究。

本书的撰写耗费了不少精力，在撰写过程中，参考了相关专家、学者的研究成果，在此表示衷心的感谢！由于时间仓促，水平有限，不足之处，恳切希望广大读者、专家批评指正！

余红盈

2024 年 2 月

目　录

第一章　体育教学理论 1

第一节　体育教学的概念与特点 1

第二节　体育教学的本质与功能 17

第三节　体育教学的现状与创新 28

第四节　体育教学改革的发展历程与趋势 42

第二章　高校体育教学模式的革新与发展 57

第一节　体育教学模式的基本理论 57

第二节　体育教学中典型的教学模式 68

第三节　新型体育教学模式的构建和运用 121

第三章　高校体育教学方法的改革与创新 166

第一节　高校体育教学中多媒体技术的应用 166

第二节　高校体育教学中微课的应用 206

第三节　高校体育教学中慕课的应用 213

第四节　高校体育教学中翻转课堂的应用 221

第四章 体育教学发展的展望 ... 243

第一节 体育教学目标的统一与协调 ... 243

第二节 体育教学内容的选择与开发 ... 251

第三节 体育教学方法的运用与创生 ... 258

第四节 体育教学手段的使用与创新 ... 263

第五节 体育教学模式的多元化发展 ... 273

第六节 体育教学的有效性与正当性 ... 283

参考文献 ... 292

第一章　体育教学理论

第一节　体育教学的概念与特点

一、体育教学的概念

（一）体育教学的定义

体育教学是由"体育"和"教学"这两个词语组成的，把教学的概念与体育的理论体系相结合，就形成了全新的教学内容与教学方法。在实际的体育教学过程中，体育教学和其他学科一样，具有完整、成熟的体系，需要进行组织活动和管理活动。体育教学与其他学科的教学也有不同点，如体育教学对教学环境有独特要求，对场地和器材也有不同的需求。由此可见，体育教学并不是思路固定、例行公事的教学活动，不能把它简单地视为一种休闲娱乐的放松活动，它需要众多因素的共同作用才可以正常、合理、科学地开展。

体育教学的实践过程就是通过学校教育，使学生在教师的管理指导下，通过对理论的学习和了解，运动技术和技能的尝试与掌握，从而提高身体素质、保持身心健康、提高运动水平，形成对自然和社会环境的适应能力，培养良好的思想品德，养成终身体育的习惯，塑造自我个性的教育过程。

"体育教学"目前尚无统一定义，不同学者都有各自的独特看法。潘绍伟、于可红在《学校体育学》中把体育教学定义为"学校体育的重要组成部分，是实现学校体育目标的基本组成形式，体育教学是教师的教与学生的学的统一活动"。[1] 龚正伟在《体育教学论》中指出："体育教学论研究的对象是体育教学。体育教学与其他各科教学一样具有共同性，都是一种有目的、有计划、有组织地对学生传授知识和技能，发展智力和体力，培养品德与形成个性的教育过程。"[2]

姚蕾在《体育教学论学程》中指出："体育教学是一种以体育教材为中介，学生在体育教师的指导下掌握体育知识、技术和技能，养成良好的体育锻炼习惯，促进学生身体、心理和社会适应能力健康发展的教育活动。"[3]

---

[1] 潘绍伟，于可红.学校体育学[M].北京：高等教育出版社，2005.

[2] 龚正伟.体育教学论[M].北京：北京体育大学出版社，2004.

[3] 姚蕾.体育教学论学程[M].北京：北京体育大学出版社，2005.

人们对新事物的概念界定一般都是通过长期实践认识和总结得来的，只有把概念弄明确了，人们才可以进行客观和准确的思考与判断，才能更好地展开深刻的研究，进而得出更加深刻的结论。

任何事物的概念都应具有简洁、科学的特性，而如果把事物的目的、功能、价值等融入概念之中，则会使其不够简洁。基于相关学者的研究和定义，可将体育教学的概念进行归纳总结。体育教学是以体育实践性知识，即运动技术为主要学习内容的教学活动。在体育教学中，学习技术、技能和战术的同时也要学习理论知识。体育学习中，理论性知识的学习不是单纯地通过看教材、上网、看视频或参加室内理论教学课获得的，而是要把身体技能练习与理论性知识的学习充分结合，或者把体育理论知识的学习穿插于体育课堂教学的动作练习之中。也就是说，在体育教学中，既要重视技术技能的传授，也应该重视传授理论知识。而仅仅依靠阅读教材、论文、期刊、媒体资料或参加室内理论课等形式来进行体育理论知识学习，从某种程度上来说是不太可靠的。

当然，在体育教学中，体育室内理论课肯定也是教学体系中不可或缺的一环，但它与一般意义上的理论知识学习仍有一定差异。一是在体育教学中，理论课的比例很小，每学期只有两课时左右。二是作为运动技术学习的补充课程，当学生对技术动作具有了一定了解后，再去学习相关的理论知识，这样能够对已经学习的实践性知识有更深入的理解。体育教学的上位概念是教学，它指的是"以课程内容为中介的师生双方教与学的共同活动"，其特点是通过各学科系统知识、技能的传授与掌握，发展学生的身体和心理。教学的上位概念是课程，课程概念的覆盖范围比较大，教学是指各学科、各领域内（如语文、数学、物理、英语、体育等）的师生双边活动，在范围上不如课程那么大，教学更加具体化。因此，体育教学具有明显的学科教学特征，是教与学的互动，是体育课程的下位概念，与它同一层次的概念有物理教学、数学教学、语文教学等。体育教学是各学科教学的一部分，体育教学应先属于教学，教学活动是体育教学的下属概念，是体育教学的第一本位。

（二）体育教学的内涵

体育教学活动并不是一成不变的，而是一个动态的过程，这一过程包括知识和技能的传授。在体育教学的不同阶段，体育教学的概念、角色等也因为多方面的作用和影响而不断发生着变化。经过多年的发展，现阶段体育教学的内涵包括以下三个方面：

1. 体育教学是一门学科

在体育教学体系中有着诸多构成要素，其中主要有教学目标、教学内容、教学方法、教学模式、教学评价等内容。体育教学的目标主要是锻炼学生体能、提高身体素质、增进学生身心健康，它是一门相对特殊的课程，配合德、智、美、劳，促进学生身心的全面发展。体育教学中主要的教学组织形式是课程教学，体育课程教学是指为了实现教学目标，配合德、智、美、劳全面发展，并以发展学生体能、促进学生身心健康为主的特殊课程教学。通过上述界定，明确了学习体育运动的知识与技能，但对学生的活动与体育运动的体验，情感的反映与社会适应的关注还比较有限。

2. 体育教学是教育的组成部分

体育教学是在体育教师的指导下，从运动科学、生物学、教育学、运动心理学、运动保健学、社会学等学科中吸收知识的精华，在体育与健康方面有规划、有组织、有目标地以身体练习为主要形式的活动，它与德、智、美、劳方面的培养相配合，共同促进学生身心的全面发展。除了在运动能力上没有比较详尽的要求，体育运动与体育活动训练方面的教育都能让学生身心的发展得到锻炼和培养，这也是素质教育的主要内容及方法。

3. 体育教学是活动

体育教学主要是相关的有组织、有计划、有目标的体育活动的组合。在教学实践中，学生仅仅掌握课本上的理论是远远不够的，体育教学是在亲身参与学习运动技能的基础上，进行动作技能的体育活动，要达到一定的标准，是体育感受体验的积累，通过这种身体的感觉和感触才能学习并掌握技术动作。

二、体育教学的特点

体育教学与其他学科教学有一定的共同点，但也有很多不同点。从体育教学的性质来分析，体育教学与其他学科教学的共性主要体现在以下几个方面：

第一，体育教学是教师与学生的交流及互动。在体育教学过程中，教师与学生的双边活动和其他学科的教学活动一样具有互动性强的特征，教师与学生存在着双向交流。学生在课上的一举一动是公开的，教师的指导对全体学生会带来或大或小的影响，教师的"教"与学生的"学"是课堂教学对立而统一的充分体现。

第二，班级授课制是体育教学和其他学科教学都具有的上课方式。与其他课程教学一样，体育课的班级组成一般是自然班，但也有打破自然班组合的情况，如在高校体育课的选修课程中，每个教学班的人员组成并不是自然班，有同一个学院、同一个专业各个平行班的学生，也有同一个学院不同专业的学生，甚至有不同学院、不同专业的学生在同一时间一起上体育课的情况。出现这样的情况是由高校体育教学的特点决定的，虽然打破了自然班的建制，但实际教学中依然体现出了班级授课的特征。班级授课制的特点是一个学期内体育课堂教学的班级学生相对固定，且班级内学生的年龄、生理基础、技能水平基本处在同等水平线上。

第三，体育教学的主要目的是传授相应的知识和技能，这与整个教育事业的"传道授业"有着同样的道理。相较于其他文化学科，大部分学生喜欢并且愿意上体育课，并且学校对体育课的要求越来越细致、严格。大家都知道参加体育活动对身心发展具有很好的促进作用，特别是对智力开发具有特殊的意义。

因此，体育教学是对"知识与技能"进行传承的独特方式。所不同的是，体育教学传承的是体育文化。结合体育教学的性质，并与其他学科教学进行对比分析，可以总结出体育教学的基本特点。下面就来阐述一下体育教学的具体特点。

（一）师生身体活动的频繁性

在体育教学过程中，由于"身体知识"源于人体不断地思考、操作与实践，因此在体育教学中，需要体育教师反复进行技术动作的示范、反馈与指导，而学生要做的则是端正态度，集中注意力观看，之后再进行身体动作的尝试与体验。不通过亲身实践与身体练习，是无法习得相关技术与技能的。所以，在体育课的实际教学过程中，教师与学生进行身体动作教学是很常见的事情，但在其他学科的教学中很难看到。其他学科的课程一般情况下都是在室内进行，要求安静融洽的课堂氛围，这样才能对激发学生的思维、产生学习效果起到良好作用；但体育教学则恰恰相反，在活动过程中既有学生强烈的身体活动，也有适当的感情与情绪表达，这些都是外显的行为表现，渲染了体育文化，直观地体现了体育运动中积极与阳光的一面。

（二）传承运动知识的操作性

与其他学科明显不同的是，体育运动的知识是"身体"的知识，身体知识对学生认知自我具有重大作用，其重要性不言而喻。身体知识是一种回归人类自身感觉的知识，这方面的理论是人类发展过程中的一种特殊知识，是人们对外部自然知识的追求转向对人体内部知识追求的结果，是人类面向自我、面向人类身体、面向人类自身的一种挑战。当今，各级别的学校都十分重视学生的主体性，关注学生的个性养成，这种追求人类自我知识的回归不仅显示出体育教学的特殊性，还体现了体育教学知识传承的特殊目标与根本意义。我们可以满怀信心地认为，在未来，这类知识必将被大部分教育者接受与认可，并将广泛地应用于人类身心健康的具体研究之中。

（三）学生身心合一的统一性

体育对人自身自然的改造，不仅是外在结构与生理机能的统一，还是身体和心理的统一。体育教学要在传承体育文化的同时改变学生的身体形态，并强化学生的心理与社会适应能力的发展。体育教学与其他学科的智育教学所处的情境是不同的，它营造了一种能够直观感触到的教学环境，这些直观明显的、生动形象的、富含情感的教学情境对学生的心理与社会适应能力的健康发展起到了良好的促进作用。

因此，体育教学中的身心发展是一元的，符合辩证唯物论的哲学观点。身体发展是体育教学的基础，心理发展是依靠身体的发展而发展的，心理的发展同时促进着身体的发展。体育教学中身心合一的统一性主要体现在以下三个方面：

第一，体育教师在教学中选择教学方法时必须考虑学生的个人情况，符合学生的身心变化规律，使学生在一定运动负荷的要求下，在身体锻炼与整理休息的过程中实现发展身心的目的。在人体开始运动后，机体的生理机能状态出现变化，各器官进行工作，长期坚持后运动水平就会进一步提升；发展到一定水平时，会固定一段时间；当体内堆积大量代谢物质，如糖原等物质消耗过多后，机体的运动水平就会下降。在体育课程教学中，教师对运动负荷和调整休息有着科学的分配，所以学生的生理机能变化不是直线，而是具有波峰和波谷的曲线。

第二，体育教学的内容在选取上不仅要注重对学生身体各器官与系统、各种运动能力和各种身体素质的正面促进，还要注重对学生心理健康及社会适应的培养，要符合心理学、体育美学和社会学等各方面的要求。

第三，体育教学要符合学生的年龄特点和心理特点。因为学生尚处于成长发育阶段，心理上很容易出现变化及波动，思维、情绪、意志等方面的变化会对动作技术和体育技能的学习产生影响。这种生理、心理负荷波浪式的曲线变化规律体现了体育教学具有鲜明的节奏。

因此，体育教师应根据学生的心理特征对教学进行全面设计和组织，在促进学生身心发展的同时，培养学生对体育的积极性、形成对体育项目的兴趣，让体育教学更有效地发挥自身的功能。

（四）教学内容的审美情感性

体育具有艺术感和美感，而体育教学中体现出的美感首先体现在师生运动过程中的形体美与运动美上。学生通过身体锻炼让自己的身形变得更具有美感，形成身体各部分线条的美、身体比例对称的美，在运动的过程中体现出人体结构的美，这些都是体育运动的外在美。其次，体育教学还体现了人类挑战自我的精神之美，也就是内在美。在运动中克服身体和精神的障碍，达到运动学习的目标；运动实践中体现谦虚、谦让、尊重等良好的道德风范，这些也都是美的表达。除了体育运动的外在美和内在美，体育教学活动还体现了教学内容的审美性。

每一个运动项目都彰显出不同的审美特征，如球类项目，除了表现出人的运动能力和运动天赋，还需要具备团队合作、相互协调、互帮互助等人际交往的素质；田径项目更多的是表现人类的力量与速度，同时也体现了没有永远的赢家，只有永不放弃、奋勇拼搏的豪迈气概；健美操项目展示的是柔韧、灵巧、艺术表现、婉约、柔和的美等。

在长期的发展实践过程中，人们各种体育方面的知识和技能通过反复积累得到了运用。首先，体育教师通过长期的总结和提炼，将其准确地传授给学生，让学生去感触与体验，从中感受美，得到美的启迪，陶冶情操，净化心灵，促使身心的和谐发展。其次，教学是一种思维创造的社会活动，师生共同创造的和谐课堂教学情境给人以意境的感悟与精神上的感化，令人感受到体育教学的美好。同时，在体育教学中教师与学生之间还有一种看不见、摸不着的联系，构成了教与学的统一。在教师传授知识的过程中，也伴随着师生之间丰富的情感交流。

（五）教学过程的直观形象性

体育教学的过程中体现了鲜明的直观形象性。具体来讲，教师在讲解动作的直观形象时，声音要洪亮、清楚，还要生动形象、通俗易懂地描述动作技术，把要传授的知识进行艺术加工，把复杂的技术动作诠释得形象、通俗，这样才能让学生加深对动作的感知与记忆。同时，体育教师采用特殊的方式进行动作演示，需要通过直观的动作形象进行示范，具体方式有教师亲自示范、优秀学生示范、学生正误对比示范、教学模具示例、人体模型实例和动作图解等，使学生通过感官形成对动作的基础认识，建立正确的、清晰的运动表象。学生通过各种渠道与媒介观看正确的动作示范，获得生动的表象记忆，同时活跃思维，从而达到掌握体育知识、技术和技能的目的，还能发展自身的观察能力和形象思维能力。另外，体育教学的组织与管理也体现了直观形象性的特征。

在体育教学中，每个学生的动作和形态都是直接显露出来的，教师能看得一清二楚；而反过来，教师在课上的一举一动，所有学生也能一览无余。因此，体育教师对自己的言行也要自我约束，因为教师要起到表率和带头作用，对学生的行为具有潜移默化的教育意义；而学生的课堂表现则是直接的、真切的反映，特别是在学生学习动作的过程中，所表现出来的言谈举止都是真实的情感流露，这一信息正是教师需要注意与收集的，通过观察、反馈及指导，帮助学生不断进步。直观形象性是体育教学的重要原则，只有坚持直观性和形象性才能使学生更好地理解、更快地学习体育运动。

（六）客观外界条件的制约性

体育教学还有一个与众不同的特征，那就是体育课的教学效果更容易受到外界各个方面的影响，更容易受到客观实际情况的制约，如学生的体育基础素质、体质水平，学生的性别、年龄、生理和心理特点，外界气候条件、运动场地、器材设备等，这些因素都从不同层面对体育教学的质量有着不同程度的影响。

从体育教学的角度来说，体育教学的实施要体现教育的全面性，不仅要根据学生的运动基础进行区别对待，还必须对学生的年龄、性别、生理和心理特点等进行全面考虑。因为男生和女生在身体形态、运动素质、机能水平运动功能等方面差异巨大，所以教师在教学设计、教学要求、教学组织等方面根据学生的性别不同要有所区分。如果忽略了学生的差异，在组织、方法和内容上盲目地选择，不仅达不到增强体质、培养身心的目标，还有可能会增加学生的运动负担，造成运动疲劳的情况。

从体育教学的环境角度来看，体育课大多数情况下都在室外进行，而在室外就会有各种客观影响因素，如天气、气温、气候、噪声等。同时，学生在室外有新奇感，心理上更加不受拘束，这种环境会使学生的注意力不集中。还有一些不可控的因素，如学校的各种活动、节假日等，都会对体育教学产生大大小小的影响。同时，体育教学对场地、器材设备条件的要求也是体育课比较独特的一个方面。因此，在教学计划中，从教材内容选择到教学组织方法实施，从一学期的教学计划到每一课时的具体计划，每一位教师都必须考虑到这些客观实际与影响因素，排除各个因素的干扰，提高体育教学质量与效果，同时要克服严寒酷暑、风霜雨雪等不利条件，培养学生坚持不懈、战胜自我的精神。

第二节　体育教学的本质与功能

一、体育教育的本质

从根本上讲，体育教育的性质是由体育的性质决定的，体育的本质属性是"增强体质、增进健康"，而身心健康是人全面发展的重要内容，体育在促进人的全面发展中起着非常重要的作用。另外，我们对组成体育教育的教育部分做一个详细的认识。教育可以分为广义的教育和狭义的教育。广义的教育泛指一切有目的的影响人的身心发展的社会实践活动。狭义的教育是指专门组织的教育，即学校教育，它既包括全日制的学校教育，也包括非全日制的学校教育、函授教育、成人教育等，它是根据一定社会的现实和未来的需要，遵循年轻一代身心发展的规律，有目的、有计划、有组织、系统地引导受教育者获得知识技能，陶冶思想品德，发展智力和体力的一种活动，以便把受教育者培养成为适应一定社会的需要并促进社会发展的人。下面主要探讨一下体育教育的本质。

（一）体育教育促进人全面发展的特性

根据马克思主义教育观的原理，体育是全面发展教育的重要组成部分。体育教育是全面发展人的教育中的一部分。体育教育是以学生身体活动（运动）为根本特征，区别于学校中的德育过程和智育过程，它主要以身体教育或通过身体教育的角度来实现马克思主义历史观念中的人的全面发展。

（二）体育教育的社会制约性和服务性

从体育教育的产生与发展过程来看，体育教育受一定社会的政治经济的影响和制约，并为一定社会的政治经济服务。现代体育教育更是引起了世界各国的重视。近年来，很多国家都修改和补充了体育教学大纲，加强与改革体育教育，提高体育教育的地位，加强体育师资队伍的建设，投入一定的物力和财力，促进体育教育事业的发展。我国也非常重视体育教育，特别是近20多年来，国家出台了一系列政策文件来加强青少年的体育教育工作。1999年，中共中央、国务院颁布了《关于深化教育改革、全面推进素质教育的决定》，明确指出了实施素质教育不仅要抓好智育，还要加强体育，促进学生的全面发展和健康成长。切实加强学校体育工作，使学生养成体育锻炼的习惯。

2007年，中共中央、国务院颁布了《关于加强青少年体育增强青少年体质的意见》。

2011年，教育部颁布了新版的《义务教育体育与健康课程标准》。教育部、发展改革委、财政部、体育总局于2012年联合出台了《关于进一步加强学校体育工作的若干意见》。

2016年，国务院办公厅颁发了《关于强化学校体育促进学生身心健康全面发展的意见》，文件指出要不断改革创新体制机制，全面提升体育教育质量，健全学生人格品质，切实发挥体育在培育和践行社会主义核心价值观、推进素质教育中的综合作用。

从以上我国近20多年来不断出台的加强学校体育的政策文件来看，体育教育已经深受我国政府和社会的关注和支持，体育教育事业在我国迎来了发展的良机。综上所述，社会经济的发展会在一定程度上制约体育教育的发展，但是良好的社会经济发展会为体育教育的发展提供良好的土壤，促进其健康发展。而体育教育事业的不断推进也会为社会培养一批德智体美劳全面发展的人才，从而为社会的经济发展提供更好的服务，因此两者是相辅相成的、缺一不可的。

（三）体育教育研究的多维体育观和方法论

随着现代社会的快速发展，人与人之间的竞争越来越激烈。因此，在学校教育中，必须提高体育教育的质量。通过体育教育的方式培养身体强健、意志力顽强，能适应现代社会竞争的，具有综合素质的现代人才。这要求我们必须从多方面，并且用多种方法去研究体育教育，从而提供一定的理论支撑。体育教育的本质应该从生物学、社会学、心理学、人体科学等多维的角度去探究，其本质的理论应该是全面的、系统的、多维的、立体的。现代体育教育的发展已经充分显示出它的多种功能。随着社会的进步和不断发展，还需要不断更新观念，不断提高研究的方法技能，并从多角度去分析和研究体育教育，这样才能使体育教育不断适应社会发展的需求，并促进体育教育的改革与发展。

二、体育教育的功能

（一）体育教育的本质功能

根据体育教育的本质特征，体育教育的本质功能包括健身功能、健心功能、教育功能。

1. 体育教育的健身功能

（1）提高人体心血管系统的机能。①参加体育运动可以使心肌细胞内的蛋白质合成增加，心肌纤维变粗，从而使心肌收缩力量增强，使心脏的每搏输出量增加，心脏的供血能力就会增强。②参加体育运动可以增加血管壁的弹性，从而预防或缓解因血管壁退化引起的疾病，如退行性高血压等。③参加体育运动可以加大人体毛细血管的开放程度，从而加快血液与组织液的交换，提高机体新陈代谢的水平。④参加体育运动可以显著降低血液中的血脂含量（胆固醇、蛋白质、三酰甘油等），从而有效地预防冠心病、高血压和动脉粥样硬化等疾病。⑤经常参加体育运动可以使人在安静时的脉搏和血压降低。

（2）增强人体呼吸系统的机能。①经常参加体育运动，特别是做一些有氧耐力运动，如长跑、游泳等运动项目，可以使呼吸肌的力量增强，促进肺组织的生长发育和肺的扩张，从而使肺活量增加。此外，经常性地进行深呼吸运动也可以提高人的肺活量。②参加体育运动后，由于增强了呼吸肌的力量，使呼吸深度增加，提高了肺的通气效率，从而提高氧从肺进入血液的能力。

（3）促进人体骨骼和肌肉的生长发育。人从出生到成人，是一个不断生长和发育的过程，而人的生长和发育主要体现在骨骼和肌肉的生长和发育方面。参加体育活动可以促进骨骼和肌肉的生长发育。人身高的不断增长主要是因为人体中的骺软骨的不断增生和分裂，直到其骨化完成，身高将不会增长。在青少年时期，通过让青少年接受一定的体育教育，参加一些体育运动，特别是一些跳跃类、牵拉类的运动可以刺激骨骼中骺软骨的增生和分裂，从而促进青少年身高的增长。此外，参加体育运动还可以使人的骨骼变粗、骨密度增厚，并且可以增加骨骼的抗压和抗弯折能力。有关医学研究表明，经常参加体育运动，可以增加人体内氧化酶的浓度和线粒体的数量，从而提高人体肌肉的有氧代谢水平，提高肌肉的能量利用能力，从而更好地为机体供能。总之，青少年通过参加体育运动，可以促进骨骼和肌肉的生长发育，从而健康地成长；成年人通过参与体育运动，可以保持骨骼的硬度和韧度，保持肌肉的力量和柔韧，从而健康地生活。

2. 体育教育促进心理健康的功能

这里所说的健心功能，主要指的是参与体育运动可以调节人的心理状态，促进人保持心理健康。现代社会极大地丰富了人们的物质生活，但是精神生活不能很好地得到满足，快节奏的生活、高压力的竞争使人们在精神上和心理上出现了一定的问题，如抑郁、焦虑、感情淡漠等心理症状。而在青少年群体中，如恋爱受挫、考试升学的压力、大学生就业的压力等都给他们带来了不同的心理问题，而心理健康对人的整体健康具有重要的意义。

参加体育运动能够调节人的心理状态，促进人的心理健康。主要体现在以下方面：参加体育运动可以刺激人体产生一定的内啡肽，而内啡肽具有调节体温、心血管和呼吸的功能，也可以调节人不良的情绪，振奋精神，缓解抑郁，使人的身心能够保持轻松愉悦的状态。此外，参加体育活动可以增加人与人之间的情感交流，特别是一些集体的运动，可以培养人的团结协作精神，化解人的孤独感和抑郁感。参加体育活动还可以让人获得自信，如在比赛场上的制胜一击、球场上的关键角色的扮演等，都可以让人对自己进行一个重新的认识，在现实生活中的失败或许可以在赛场上获得认可，从而增加自己对生活的信心。总之，参与体育运动是一项非常好的调节人心理的活动，可以促进人的心理健康。

3. 体育教育的教育功能

作为一种教育活动，体育教育对人的教育功能是其本质功能之一，主要体现在以下四个方面：

（1）教会人基本的生活能力。人从生下来以后，缺乏生存需要的基本能力，如走、跑、跳等，这些都需要后天加以学习和训练，而体育教育是最好的途径。体育教师从小就教我们站立、走路、跑步的正确姿势，为我们日后生活打下了坚实的基础，这是人最初始的需求，从这个角度来讲，体育教育不可或缺。

（2）传递体育知识和文化。体育是人类生产生活中不断形成的文化活动，是一项宝贵的文化遗产，因此必须通过一定的活动来传递这种文化。体育教育就是承担这个职责的最好助手。通过体育教育，人们可以学习体育知识，掌握锻炼身体的办法，并且可以让人认识到体育对人的健康的价值，促进人们形成一定的体育意识，养成体育运动的习惯，从而形成健康的生活方式。通过引导青少年参加并观看体育比赛，对体育规则和文化有进一步的认识和了解，从而起到传递体育文化的作用。

（3）促进人的社会化。每一个人都不仅是一个自然人，更是一个社会人，具有很强的社会性。在经历家庭教育、学校教育、社会教育的共同作用后，人的社会属性成为第一性，逐渐完成个人的社会化。每个人只有完成社会化，才能不断适应社会的需要，如果一个人不能充分地、完善地完成社会化，那么他就可能会对社会产生一定的危害，因此必须努力促进人的社会化。很多学者都提出了通过体育教育、体育运动来促进人的社会化。这是因为，人在参加体育运动或者体育比赛时，都需要遵守项目的规则和要求，而遵守规则放到社会领域便是遵守法律法规、遵守纪律等。体育比赛中强调的公平公正，如果延伸到生活中，就是追求社会的平等和公正。在参与体育比赛的过程中，需要跟不同的人交往，如队友、裁判、观众等，这些都可以帮助人适应社会中的角色，通过参与和体验，不断修正自己的行为。体育教育是一项非常好的促进人社会化的活动。

（4）进行爱国主义的教育。在体育教育的活动中，体育比赛可以激发人们的爱国热情，是一项非常好的进行爱国主义教育的活动。我们时常能在奥运会、世界杯等世界性大赛的舞台上看到运动员在取得胜利后披着国旗绕场一周的画面，这些都能很好地给观看比赛的青少年传递极大的爱国热情，进行良好的爱国主义教育。国际比赛前的奏国歌仪式总能激发人们爱国的热情，让人们接受爱国主义的洗礼。因此，各种形式的体育活动和比赛是最好的爱国主义教育。

（二）体育教育的延伸功能

体育教育除了本质功能，还有一些延伸功能，其延伸功能主要包括娱乐功能和经济功能。

1. 娱乐功能

在进行体育教育的过程中，可以感受到体育活动与娱乐的天然联系。体育运动中本身就包含着娱乐的元素，而且在体育教育过程中为学生安排的体育游戏也含有娱乐的成分。现代的体育教育已经不单单是传统意义上的体育课了。人们在闲暇时间参加一定的体育教育活动，如参加体育培训班接受健身指导等，都可以缓解人的紧张，让人产生快乐的情绪，从而起到娱乐的作用。

2. 经济功能

体育教育的经济功能主要体现在以下三个方面：一是通过让人学会体育技能，参加体育运动，促进人的身心健康，从而可以为国家和社会健康工作，就像那句口号所说的，"每天锻炼1小时，健康工作50年"。一个人只有拥有健康的体魄，才能为社会创造价值，创造经济效益和社会效益。这是体育教育经济功能的间接体现。二是现代社会已经拥有了很多的体育教育培训机构，通过培养青少年的体育技能来产生经济效益，这是体育教育的经济功能之一。三是通过体育教育可以培养一批竞技运动员，而优秀的竞技运动员可以成为体育明星。体育明星具有很强的吸金能力，如一些足球运动员的代言收入相当可观，这是他们产生的经济效益，也是体育教育产生的经济效果。

第三节 体育教学的现状与创新

一、体育教学现状

近年来，学校体育教育已经成为体育教育领域中重点关注的问题，许多专家学者都将研究的目光锁定到这个领域，而高校体育教育更是成为其中的关键。一时间，许多关于改革高校体育教育的理念和方案被提了出来。然而在经过更加深入的论证和实践的尝试后发现，其中许多方案的实施存在问题，不能如预期的那样给体育教育带来效益上的明显改变。为此，要想提出符合我国教育情况的方案就应该先从最基本的高校体育教育现状开始分析。笔者通过对大量相关文献的研究，目前国内外的教育形式可归纳为以下几种类型：

（1）传统守旧的体育教育。

（2）基于学生体育的体育教育。

（3）基于竞技体育的体育教育。

（4）快乐体育教育。

（5）基于个性特征的体育教育。

（6）基于传统项目的体育教育。

（7）基于发展能力的体育教育。

（8）注重体能的体育教育。

（9）基于终身教育的俱乐部体育教学。

目前来看，我国绝大多数的高校体育教学的形式仍旧倾向采用传统的体育教学模式。这种模式把走、跑、跳、投等基础运动作为主要教学内容，为了确保教学模式的统一性，追求教学程序循环渐进的效果，会侧重于某一层面，而不能照顾到更加全面的需求。这就是体育教育改革的着手点，但是目前的改革也并不理想。

目前，随着中国高校体育教育的重要性日益增加，教学目标和教学需求也随之增加。对教育进行改革的同时，要把素质教育作为教育改革和发展的主题，并与科学技术、经济、文化、社会的发展相结合。因此，高校体育不再是提高学生体质的一种简单方法，而是一种全面的素质教育方式，使大学体育充分发挥个人才智，促进个体发展。基于这样的环境背景，高校体育教育应该具备的功能如下。

（1）增设"野外生存体验""攀岩登山"等新课程，在课程开展的过程中，适时地增加难度和障碍，使学生在扫除障碍的过程中，发散思维，借助团体的力量，共同面对困难并想办法解决，提升他们的适应能力，培养吃苦耐劳的精神，强化团队意识。

（2）课程的设置要以学生的兴趣、喜好为基础，添加一些时代元素，要吸引他们参与其中，在体验的过程中感受快乐，要让他们有成就感，培养他们自信、自强、乐观的心态。

（3）提升他们的沟通交流能力、组织能力等，促进其身心健康发展。

二、高校体育教育现状中的问题

高校体育是国民体育的基础之一，是全面发展教育不可或缺的组成部分，它对培养有理想、有道德、有文化、有纪律的社会主义建设人才，增强人民体质，建设社会主义精神文明有着直接或间接的效能，所以党和各级政府历来把它放在相当高的地位。

随着改革的不断深化，高校体育较之以往有了比较大的发展，但同时我们也必须看到在我国市场经济发展的新的历史时期，社会发展对培养人才提出了更高的要求。在学校教育的内涵和外延的不断扩大和丰富，大众体育的逐步普及和竞技体育飞速发展的社会背景下，作为高等学校教育工作的重要组成部分和培养学生全面发展的主渠道的高校体育，从某种角度上看，它的现状已不能满足现如今社会发展的需要。了解高校体育的现实情况对高校体育以后的发展具有重要意义。

卢元镇教授在《中国体育文化忧思录》一书中总结了我国学校体育面临学生体质状况下降、"每天锻炼一小时"不能得到落实、中小学体育课被挤占和体育课低质量、学校体育不能为国家培养竞技运动后备人才和学生运动竞技不能纳入国家比赛体制四个方面的困境。[①] 这些情况除了体育课被挤占在高校体育没有涉及，其他几个方面的困境也同样是高校体育面临的现实问题。但是，现实中的高校体育不仅仅面临这几方面的困境，还面临其他诸多影响高校体育良性运行方面的困境，有来自教育制度方面的，也有来自体育理论和实践矛盾等方面的，具体来说有以下几个方面：

（一）大学体育功能的弱化

学校体育是促进青少年全面发展的重要内容，对青少年的

---

① 卢元镇.中国体育文化忧思录[M].北京：北京体育大学出版社，2006.

思想品德、智力发育、审美素养的形成都有不能被替代的重要作用，是进行爱国主义、集体主义教育，弘扬民族精神、传承民族文化的重要途径。大学体育是我国各个大学必不可少的一门基础课。体育课的目的在于进一步增强学生的身心健康，努力提高学生的体育活动能力，使学生在校期间能精力充沛、更好地进行学习，为将来建设祖国、保卫祖国打下良好的基础，真正变成德、智、体、美、劳全面发展的人才和接班人。体育的功能可以总结为七个方面，即健身功能、娱乐功能、促进个体功能、社会感情功能、教育功能、政治功能、经济功能。

当前我国高等学校体育课主要有三种形式：一是普通体育课。主要进行全面身体锻炼，这类课大多在大学一年级开设。二是专项体育课。为满足学生不同的爱好和个性发展，进一步提高某项体育运动技术、技能，使之在全面发展的基础上有所特长，有利于开展终身体育。这类课一般在大学二年级开设。三是保健体育课。这是为体弱或患有某种慢性疾病的学生开设的，带有医疗性质的体育课。目的是通过适当的体育活动，改善学生的健康状况，使其早日恢复健康。体育课的内容和方法皆视学生的具体情况而定。

从大学体育实施的情况来看，大学体育功能并没有得到完全发挥，甚至有弱化的现象。增强大学生体质健康是大学体育基本而又重要的功能，但是大学体育的实施效果并不理想。

2020年，我国已经进行了6次全国范围内的学生体质健康测试，结果显示：现代疾病和青年人缺乏体育锻炼有关。我国中小学生及大学生的体质健康水平表现出明显的不协调，具体表现为形态发育水平提高，体能素质差；高身材、低素质等特点。另外，我国学生近视率一年比一年高，尤其是小学生、初中生近视率上升幅度明显；肺活量、爆发力、速度、耐力等素质水平呈持续下降趋势。

（二）体育课程实际地位低下

体育课程的实际地位低下是相对于体育课程法律地位来说的。高校体育课程的主要组织形式为体育课堂教学，高校体育的法律地位也同样奠定了高校体育课堂教学的法律地位。但法律体系下的高校体育在具体实施中呈现了较大不同，高校体育课程在课程建设、资源配置、课程实施等方面与其他学科课程相比，投入明显不足，影响了体育课程教学的顺利进行，降低了体育教育质量。

多年来，因为受传统体育教学思想的影响，很多人错误地认为体育教学就是要学习运动技能，通过跑跑跳跳、锻炼身体来增强学生体质，从而严重忽视了体育理论知识的学习和教学。

教育部在体育教学方面安排了"小学—初中—高中—大学"十多年的体育课课时，并于1990年制定了《学校体育工作条例》。中国高等学校普通体育课教学大纲与中小学相比，主要有以下特征：①教材内容按运动项目分类，强调"田径是各项运动的基础"，把田径作为重点教材。女生规定学习篮球和排球，男生在篮球、排球和足球中必须选择两项。②规定了男女分班上课，对病弱学生开设保健课或医疗体育课。③没有具体划分年级要求，各校自行编订教学进度。中国高等学校普通体育教学大纲规定体育课是一门基础课，并列为考试和考查科目。根据学生的运动成绩、学习态度和掌握体育知识、技能的情况，评定学生体育课的成绩。许多高校在中共中央及教育部门政策的大力扶持下，组建了学校的体育管理机构以及体育教师在任职前和任职后的培训机构，并组织了大量的专职研究者制定各种各样发展条件的标准，完善体育课程教学制度。但很多学生在毕业时就和体育告别，十多年的体育教学并没有使终身体育概念深入人心，也没有培养出体育锻炼的技能和良好习惯。

（三）高校体育教材和教学内容陈旧

我国高校体育教材大多针对传授体育竞技技能编写，教学内容千篇一律、很久不变，没有体现出当今社会发展对体育教学培养真正需求的内容，和时代不符，实用性比较差。在体育课的内容、教学配置形式和考核方式的设计，以及课外体育活动内容安排和实施办法等方面，当前还有相当一部分院校基本上停留在使用20世纪五六十年代的运作模式，在培养目标上力求统一性，教学内容安排上强调系统性，考核标准注重竞技性，教学形式体现规范性，学生练习要求纪律性，所以这样的模式显得呆板、机械，以至于使高校体育的主体——学生的体育意识和能力在客观上造成障碍，使教师的主导作用和潜力难以发挥。

体育教材的编排多数以运动项目的单项教学和训练为主，背离了现代体育教学的培养目标，一定程度上忽视了多数学生的参与需求。很久以来，我国高校体育一直沿用竞技运动教材体系，采用培养运动员的教学训练模式来给大学生上体育课，因为过分注重技术动作的规范，对完成动作的质量标准有些高，被一大部分同学视为"负担"，从而使他们对体育运动失去兴趣，这和高校体育教学的目标相"脱离"。无论运动训练还是体育教学，如果采用同一种运动技能教学模式，实施一个教学质量标准，就会忽视不同教学对象对体育运动需要的个性。普通学校体育教学中不分情况照搬竞技运动教学模式，一定会导致偏离教学基本目标，进而使高校体育陷入形而上学的沼泽。此外，体育教材的编排多数以运动项目的单项教学和训练为主，背离了现代体育教学的培养目标，一定程度上忽略了大部分学生的参与需求。而且，教材的编写没有考虑到学生特点、个性和兴趣的培养，不利于学生依据教材知识形成一套适合自己的锻炼方法和锻炼习惯。

三、高校体育教学创新

21世纪，创新是教学改革最强烈的呼唤，也是时代的最强音。学校体育不仅承担着培养和发展人的创新意识、创新精神、创新能力的任务，学校体育的发展也要靠改革和创新来实现。将创新方法真正落实到教学实践中，一个很重要的问题是对过去的教学模式、教学内容、教学方法进行积极的反思，增强教师对教学过程的反思意识。

（一）构成高等学校体育教学创新的基本条件

教学创新从本质上看，应是教师的一种能力，是一种在传统教学方案基础之上的提升，是在对传统教学过程不断质疑的过程中，教师对教学过程的一种逆向思维和发散思维。因此，高等学校要实现体育教学创新的目标，必须明确创新的指导思想。高等学校体育教学创新应具备以下基本条件：

1.提高体育教师的教学研究能力是实现教学创新的根本出路

体育教师要积极投身于教学实践与改革中，改变自己的职业形象，改变体育教师的职业形象，这要靠体育教师自己的努力，积极增强科研意识、参与学校的教学改革，不断进行反思，设计和运用切合实际的教学方法，才能使教学处于一种创新状态。从自然观察的角度看，任何外来的研究者都会改变课堂的自然状态，如果想要达到观察的目的，又不改变原有的气氛与状态，做到原汁原味，就只能依靠教师。体育教师从教学实践出发，拥有更多的研究、创新机会，充分利用实践机会，大胆改革，创新先进的教学模式和教学方法，才能获得本身的生命力和尊严。

对于教学创新来讲，意味着体育教师要确信自己有能力构建新的知识结构，积极改进自己的教学实践。因为学校体育教学改革和创新的关键在于教师，改革和创新的任务最终要落实到教师身上。改变体育教师的职业形象，就必须下大力气提高体育教师的教学研究能力。以改革创新为契机，促进教师大量涉猎和收集与教育教学相关的信息，提高理论素养，增强情报意识，使教师较快地接受先进的教育思想、理论和观念，进一步拓宽知识面。教学创新是教师的一种积极的教学实践活动，是教师对教学改革的一种强烈愿望，是自觉自愿的行动。

2. 提高体育教师的教学效能感是实现教学创新的动力源泉

教师的教学效能感是影响教师素质提高的一个重要因素。也就是说，一个满足于现状、教学效能感不强的教师，很难在教学中有所创新。

从现阶段高校体育教学面临的困境来看，如何满足当前学生对体育的需要，如何实现教和学的完美统一，除了受学校教学模式、目标、课程、教法和教学环境、教学条件等诸多因素的影响，还会受到教师主观因素的影响，教师的教学效能感便是其中之一。教师的教学效能感是教师教育信念的重要组成部分，其更多地表现在教师的师德和人格方面。高等学校要推动教学改革和创新的不断深入，加强教师师德的培养，将是未来教师竞争的焦点。

3. 拓宽教师继续教育的渠道、提高教师的教学能力是创新教学的基础

高等学校体育教师继续教育的必要性和必然性已经成为共识，在加强对教师继续教育的措施上，要采用灵活多样的方法，应重视对教师所学课程的正确引导，立足本职工作，把教学实践与所学课程结合起来，引导工作和学习相互促进。重视教师学科理论、理论素质的培养及教学艺术和技术的训练。改变教师继续教育的观念，更重要的是在选用教材方面，能够编制一套包括参考资料的阅读教材、适合自学的通俗理论教材、适合答疑的高层次结构导论式教材在内的继续教育的专门教材。只有这样，才能把教师的学习和工作有机地结合起来，促进教师教学能力的提高。教学创新需要教师专门的教学能力，教学能力是教师最基本的能力，是教师能力的综合表现，能力是知识内化的结果，知识是能力的基础。拓宽教师继续教育的渠道，为进一步提高教师教学能力和教学质量，积极进行教学创新打下坚实的基础。

（二）反思性教学对高校体育教学创新的启示

反思性教学是近些年西方一些发达国家兴起的新的教学实践。20世纪初，反思性文化的出现强化了教学主体的反思意识，给教育工作者以极大的启示。随着心理学和伦理学以及教育理论等的进步，人们开始认识到把增强教师的职业道德感或责任感作为反思性教学的基础，教师对教学的"合理性"追求，成为教学主体反思自身行为的动力。反思是教师自觉的行动，教师在长期的教学实践中，借助反思不断探究和研究解决教学问题。

1. 立足教学实际，创造性地解决教学问题

创新是对传统、常识、常规与秩序的修正、超越和发展。其实，教师和学生都是创新教学实践活动的主体，唤醒学生的主体意识，弘扬学生的主体精神，就必须在教学实践活动中，为学生创设一个宽松、民主、和谐的教学氛围。教师针对问题设计教学方案并加以研究，通过解决问题，进一步提高教学质量。同

时还要立足教学实际，实施创新教学，培养学生的创新精神和创新能力，既要重视学生创新智力品质的培养，又要抓学生创新非智力品质的培养，在教学的各个方面都要重视学生的创新。

2. 立足"两个学会"，加速教学过程的整体优化

由于反思性教学以"两个学会"为目的，因此体育教师在教会学生掌握运动技术的过程中，要让学生树立终身锻炼的思想，学会自我锻炼的方法。教师学会教学，本身就是一种不断学习和创新的过程，学会教学是为了更好地满足学生学习的需要，是教师对教学内容的进一步理解。

3. 增强教师的职业道德感

教师的职业道德感不仅是反思性教学的重要基础，也是教师创新教学的基础。教学创新要求教师要有更高的职业道德感，才能对教学中出现的问题进行思考，进而想办法来解决。教师要关注和研究同行在同一问题上的研究成果，在教学实践中加以推广和改进，只要有利于本地区学生的实际情况，有利于学生的发展，能够提高课堂教学效果，就是一种创新。

从一定程度上讲，提高教师的职业道德感比提高教师的技术、技能更为重要。体育教学是一种积极的、主动的师生共

同活动的过程，体育教学的过程也蕴含着创新教育的过程，改变教师的教育观、教学观、质量观、学生观，必须重视教师全面素质的发展。提高教师的自我效能感和教学效能感，使其真正从"运动技术型教师"向"技术理论型、学者型教师"转变。

第四节 体育教学改革的发展历程与趋势

一、学校体育教学改革的发展历程

（一）学校体育教学的改革历程

改革开放以后，我国学校体育进入新的发展时期，表现出思想的多元化与实践的多样化。在指导思想方面，随着20世纪80年代初以增强体质为主导思想的确立，以往以传授运动技术、技能为中心的思维模式得以改观并逐渐被打破。

1990年，《学校体育工作条例》的颁布施行使增强体质、增进健康的主导思想再次得到确认，增强学生体质、增进学生健康作为学校体育的首要目标，已逐渐取得共识；随着思想的解放及认识的深入，快乐体育、终身体育、成功体育等多种学校体育思想也相继出现。由于认识不断深入，对学校体育的结构功能与体育教学的结构功能也有了新的看法，明确了体育教学与学校体育在过程、任务、内容及评价等方面的差别，促进了学校体育实践的发展。随着基础教育向素质教育的转轨，从社会、生物、心理等多维看待学校体育的观念逐步形成，重视体育意识、习惯与能力的培养为终身体育打基础，并将学校体育看作终身体育的一个子系统，学校体育思想也逐渐形成。在体育教学方面，由于明确了体育教学与学校体育的区别与联系，逐步确立了以体育知识、技能教学为主的指导思想，并注重卫生保健知识及体育健身基本原理的教学。

在认识上逐渐注意到体育知识、运动技术、运动技能的区别，明确了增强体质与运动技术、技能及运动项目技能的关系。为处理好体育教学中运动技术、技能与增强体质的关系，1996年国家教委根据课程论研究的进展，颁发了《体育两类课程整体教学改革的方案》，将体育课程分为学科课程和活动类课程两部分，并对两类课程的目标及要求做出了规定。

体育课教学以追求运动技能提高的模式在认识上被打破。在体育教学的内容上，坚持健身性与文化性相结合的原则，在注意健身性时，也考虑内容的文化性，并注意对一些竞技运动项目做"教材化"处理；坚持民族性与世界性相结合的原则，在继承教学内容以现代项目为主的同时，重视对民族传统体育内容的引入；坚持统一性与灵活性相结合的原则，教学大纲规定的选修内容比例逐渐提高，使教学内容在统一基本任务与要求的指导下，表现出较大的灵活性。在课外体育方面，重视课间操、课外体育锻炼与课余运动训练。在教学内容上，提倡组织丰富多彩，以彰显学校的特色和传统的体育活动，重视校内与校外的结合，体育俱乐部也开始出现。在课余训练方面，提倡为国家培养体育后备人才，重视课余训练和小学、中学、大学的"一条龙"制度建设。

（二）学校体育教学的改革趋势

从总体看，随着素质教育的深入以及对学校体育功能认识的深化，学校体育的发展将会有以下几个方面的趋势：①在指导思想上，更注重社会需求与学生需求的结合，注重个性的发展，注重科学化与社会化发展，注重体育意识、兴趣、习惯和能力的培养，注重体育与卫生保健的结合，注重体育教学与课外体育的结合，以求获得整体效益。②在学校体育内容上，注重健身内容与竞技文化的结合，并注重竞技文化的"教材化"及多种变式的引入，健康及运动文化知识将更多地融入教学内容，地方性、民族性的体育内容也将更多地走进学校。③在组织形式上，学生体育俱乐部及学生体育团体将受到更大程度的重视，校内外体育组织形式间的联系也会得到加强。④在课余训练及竞赛方面，随着学校体育的发展及运动训练体制的改革，学生课余运动训练与竞赛将会有更大的发展，并表现出多层次性特点。上述发展变化，将对体育教师提出更高的要求，也将对旧有的体育教育专业的培养模式、课程模式进行改革创新。

二、体育课程改革历程与趋势

2001年，中华人民共和国教育部颁布了义务教育《体育与健康课程标准（实验稿）》。2022年，又相继颁布了高中《义务教育体育与健康课程标准》（以下简称《课程标准》）。这昭示着新的体育教育思想和理念将成为我国基础教育体育课程改革和发展中的主旋律。基础教育体育课程的改革对高校体育教育专业的课程改革提出了新的思考和要求。因为高校体育教育专业是培养基础教育体育教师的"母鸡",理应主动适应基础教育体育课程改革和发展,加大、加快高校体育教育专业课程改革的步伐。"体育课程教学改革"对高校体育教育专业培养目标和课程设计有什么影响?这些影响的程度如何?以什么方式施加这些影响?这些都关系到一个基本问题,即"对第八次体育课程教学改革的基本认识",只有把这一问题梳理清楚,才能对上述疑问有清晰的认识,才能明确地回答,才能有效地解决。

(一)对第八次体育课程教学改革的基本认识

基础教育体育课程在课程理念、课程内容、教学方法、教师的行为等方面都发生了重大变化,强调"健康第一"和"以学生发展为本"的指导思想,重视课程内容的时代性和地方特色,注重教学方法的多样化,关注教师的职业专业化过程,特别是强调体育课程在增进学生的健康和促进学生全面发展方面的重要功能和价值。淡化体育教育专业中的竞技化教学倾向,牢牢树立"健康第一"的指导思想;丰富课程内容,应体现时代特征和地方特色；提倡多样化的教学方式，重在培养学生的实践能力和创新能力；增强学生未来的职业专门化意识，强化体育的健身育人功能。

（二）新课改对体育教育专业的直接影响

高等教育体育教育专业是培养中小学体育教师的摇篮，由此基础体育教育与高等体育教育专业有着血脉一体的内在联系；基础体育教育改革必然对体育教育专业发展产生较大的牵引作用，这些作用主要表现在如下几个方面：

（1）知识、运动技术对体育教育专业的影响。如果淡化、轻视运动技术，会直接导致学科与术科比例的失调，术科学时比例过小。这是在课程设置上导致学生运动技能下降的根源。

（2）教师的地位和作用对体育教育专业的影响。否认体育教师的地位和作用，必然降低体育教育专业学生的学习动力和兴趣，易导致学业无用论的结果。

（3）教材研究对体育教育专业的影响。否认教材研究的实质，即反对教材的完整性、系统性和规范性，易降低体育教育学科的科学性，进而导致对体育学习的不完整、不深入。

（4）身体素质的提高对体育教育专业的影响。否认身体素质的提高就是否认体育锻炼的效果，就是把身体素质与健康割裂，将扰乱体育教育专业的学生对两者的正确认识。

三、现代体育教育的发展趋势

（一）"健康第一"的体育教育思想

健康是当今时代的主题，也是我国目前提倡的生活理念。接受一定的健康教育，对每一个人的成长和全面发展至关重要。为了顺应时代的发展，社会的需求，在未来的教学活动中，要借助体育教学这一途径，强化对学生身体健康的教育，达到强身健体、提升品德素养、促进身心全面发展的教育目标。体育教育和健康教育两者是紧密相连且彼此促进的。基于此，未来的体育教育理念更要注重"健康第一"思想的贯彻，在体育教学中融入健康的元素，让学生意识到健康的重要性，掌握强身健体的方法，调动对体育的积极性。我国2022年的《义务教育体育与健康课程标准》中，也提出了"健康第一"的理念，强调促进学生健康成长是体育课程的最终目标。

（二）以素质教育为主线的体育教育

现代教育已经逐渐发展成为真正的素质教育，素质教育注重个体在各方面的发展，体育教育是素质教育的一个重要手段。其本质内涵在于学生参加体育锻炼，参与体育比赛，提高自身身体素质、心理素质、社会适应能力以及人格等方面的综合素质。在实行素质教育的过程中，身心健康素质是学生发展其他素质的重要基础。让受教育者参与一定的体育教育，使他们拥有优美的身材、强健的体质，身体机能也得到强化，并有助于平和心态和定期锻炼习惯的养成。因此，体育教育应该以素质教育为主线，不断提高受教育者的教育品质，丰富受教育者的教育内容，为培养全面发展的人才作出贡献。

（三）以创新性和快乐性为特征的体育教育

现代教育越来越注重对个体创新性的培养，创新是一个民族发展的动力源泉，有没有创造性思维也是衡量一个人综合素质的重要指标。因此，在素质教育发展的今天，任何教育都离不开对创新性的培养，体育教育也不例外。

因此，体育教育工作者应该在日常的体育活动中，注重培养学生的创造意识、能力和精神，通过一些体育项目中的技战术来训练学生的创造性思维，在体育教学中，让学生自己创造性地做出一些动作，如让学生自己创编徒手操、布置场上的战术等，不断增强学生的创造意识和创造能力。随着体育教育的不断发展，人们不断探索体育教育的形式。其中，日本出现了快乐式的体育教育，该模式流传到我国后，深受广大师生的喜爱，并且也在一定程度上缓解了学生的厌学情绪。

快乐教育模式的含义可以从三个方面进行理解：①激发了学生的参与热情，提升了他们对体育运动的喜爱度。②这种教育模式可以说是通用的，适用于任何群体，对每一个学生来说，都会起到促进作用。③顾名思义，快乐体育一定会给学生带来很多乐趣，会让学生感受到体育运动的意义和价值，会让他们变得更自信。从以上分析来看，现代体育教育越来越重视创新性在体育活动中的培养，而快乐性也日渐成为体育教育中的一个重要特征，这两个特征将会不断促进体育教育的发展和完善。

（四）以终身体育为目的的体育教育

"终身体育"的思想是1965年由法国成人教育家保罗·朗格朗提出的。苏联学者提出"终身体育"就是培养与发展学生从事体育活动的能力和学习的主导能力，让学生在学习时代学会"一技之长",养成与掌握终身进行体育锻炼的习惯和方法,使之终身受益。这种思想的确立极大地丰富了体育教育的思想,促进了体育教育的发展。终身体育的含义包括两个方面的内容:一是指人从生命开始至生命结束中学习与参加身体锻炼,使终身有明确的目的性,使体育成为人在一生中始终不可缺少的重要内容。二是在终身体育思想的指导下,以体育的体系化、整体化为目标,为人在不同时期、不同生活领域中提供参加体育活动机会的实践过程。

终身体育倡导人们不仅在学生阶段参与体育运动,更应该在人生的每个阶段都参与运动,也许每个阶段参与的运动项目不同,但都是为了促进身心健康的全面发展。因此,体育教育过程应该以培养人终身参与体育为目标,帮助其形成运动技能的同时,促进其形成运动健身的意识,激发其参与运动的永久兴趣,让受教育者充分认识到终身参与体育的意义和作用,这应该是体育教育的最终目的。

(五)探索"体医结合"人才培养模式

"体医结合"从表层进行理解就是体育与医疗的结合,即按照医学的理论体系将体育健身方法进行科学化归纳,使之处方化。在"体医结合"思想中体育具有健康（预防）、治疗、康复的作用。随着全民健身上升为国家战略，"体医结合"将成为推动健康中国建设，增进人民健康的重要战略依托。

北京体育大学副校长胡扬在接受《中国青年报》记者采访时曾表示，健康、医疗相关课程体系是体育专业院校社会体育指导员培养的薄弱环节。他还表示，体育专业院校的运动康复和运动人体专业的学生缺少体育技能实践能力，且专业知识主要为运动训练和运动损伤方面的知识，缺乏健康、医疗方面的知识，致使这部分体育人才很难及时转入医疗健身行业。

结合当前社会发展对体育人才的需求，体育专业院校应抓住机遇，探索"体医结合"人才培养模式，拓宽人才培养新领域，培育体育专业院校新的办学特色。在"体医结合"思想中体育具有健康（预防）、治疗、康复的作用。

体育专业院校在探索"体医结合"人才培养模式过程中需要注意两方面：首先，探索"体医结合"人才培养形式及人才类型。其次，调整"体医结合"课程支撑体系。在"体医结合"形式方面，结合"体医结合"的指导思想以及大众的需求培养体育人才，主要包括传统中医学与体育的结合，竞技体育中的体能训练方法手段、身体监测、康复治疗手段在大众健身中的应用，民族传统体育与医学结合等形式。传统中医学与体育结合在成都体育学院中已经开展，并发展成为学校的特色专业；竞技体育训练方法与大众健身方式相结合，在北京体育大学与首都体育学院也已经进行了实践探索，两所学校将竞技体育中的体能训练和身体功能训练方法应用到大众健身和学校体育课程之中，引起了强烈反响。

在传统体育与医学结合方面，北京体育大学成立了民族民间体育和体育养生专业，将导引术和太极拳等传统体育与健身、养生相结合。在"体医结合"人才培养课程体系方面，体育专业院校应当增设健身和医疗方面的课程内容，同时针对运动康复专业运动技术基础薄弱的问题，增加技术实践课程的学习。

（六）社会需求导向下的多元化人才培养模式探索

国家体育人才市场呈现出体育产业、高质量大众健身指导人才严重紧缺与体育专业院校培养的体育人才就业难的两极分化状态，反映出体育专业院校人才培养目标与社会需求的矛盾问题。因此体育专业院校应遵从社会发展的需求，探索多元化的人才培养模式。

根据高等教育对人才培养类型的划分，体育专业人才可以划分为应用型人才、研究型人才、复合型人才。相应的人才培养也分为三种模式：应用型人才培养模式、研究型人才培养模式和复合型人才培养模式。

应用型人才培养模式强调以社会服务为培养方向，注重理论知识和实践知识的掌握。应用型人才培养模式是当前体育专业院校本科专业人才培养的主要方式。以社会需求为导向培养应用型体育人才，需要体现出"厚基础、宽口径""理论与实践并重"的培养方针，通过多种必修课程和选修课程拓宽学生的理论基础知识面，同时应当紧跟社会发展及时增加新兴知识，以适应不同的社会需求（如运动康复专业应增加健康、医疗课程，以适应"体医结合"人才需求）。另外，要注重学生的实践技能与实际操作能力的培养，以适应工作岗位的需求（如体育教育专业、运动康复专业的运动技术能力）。

研究型人才培养模式侧重对理性、学术与知识等目标的追求。研究型体育人才培养要注重创新、专业、博学的发展方向：创新指把握专业和学术发展前沿动态，不断探索未知领域；专业指在某个专业领域有较深的研究和建树；博学指掌握深厚的体育学科专业知识，具有较强的学习、研究和实践能力。研究型人才培养模式主要适用于研究生层次的体育人才培养。

复合型人才培养模式是应用型和研究型人才培养模式的结合，兼顾社会需求和科研导向，适用于办学类型为研究教学型的体育专业院校。

（七）办学过程开放化：办学社会化与交流国际化

在办学主体多元化发展以及高等教育市场化、国际化发展的时代背景之下，中国高等体育教育的单一办学体制已经呈现出多种弊端。高等体育专业院校应实行开放化办学，提高体育专业院校的市场化和国际化办学水平。首先，体育专业院校要面向社会，提高服务国家和区域经济发展的意识，加强与地方企事业单位的合作交流，拓宽办学资金来源；增加与地方科研机构、高等学校、兄弟院校的科研、教学合作，提高学校的科研、教学水平；加强与国家、地方体育局的合作，增加对体育事业的科技、教育、训练方面的支持。其次，在国际化办学方面，体育专业院校在前期办学成果的基础上，继续扩大对外交流合作的范围和深度，在学术研讨、科研项目合作、体育项目引进、跨国课程开设、留学生培养等方面增加合作，提高高等体育专业院校的办学质量，提升在国际高等学校中的竞争力，加快"双一流"建设的步伐。

第二章　高校体育教学模式的革新与发展

第一节　体育教学模式的基本理论

　　在信息化技术不断更新发展的趋势下，网络信息化教学模式对我国教育领域产生了直接影响，各大高校也在逐渐改革传统的教学模式，以便能进一步适应教学环境的实时变化。近些年，高校体育教学模式也发生了一定改变，但是在传统教学观念的影响下，高校体育教学依旧有待进一步创新改革，这样才能够更好地满足现代化教学的需要。所以，创新体育教学模式，全面提高体育教学水平与质量已经成为必然趋势。据此，本节主要对高校体育教学模式的创新发展进行深入探究，以期为体育教学改革提供参考。

一、高校体育教学模式的误区

（一）认知阶段误区

国外先进的体育教学模式极具吸引力和新颖性，以及可操作性。我国高校在引入时，并未深入探究其中相关理念，只是为了引进而引进，单纯模仿他们的体育教学模式，却忽略了对相关理念的引入。而不具备灵魂的躯壳，根本无法长久生存，缺乏先进理念的体育教学模式也很难长时间处于正常的运行状态。

（二）选择阶段误区

1.规律误区

体育教学模式的合理选择，需要严格遵守相关教学规律。首先，高校在设计体育教学模式的时候，应明确要求该模式既与普通学科的认识规律相同，又符合体育学科自身的独特规律，即技能形成规律、运动负荷规律等。其次，高校在选择体育教学模式时，还应注重与本校学生的特色、认知规律等相符，适应于本校学生的发展。

2. 构成误区

任何教学模式都包含四大部分，即教育理论、教学过程、教学方法、教学条件。高校科学、合理地选择体育教学模式时，需要对各组成部分进行综合考虑，不同的模式都有其相对应的理论、过程、体系及条件，彼此之间不能混淆。

3. 要素误区

高校在选择体育教学模式时，应明确其与其他教学要素间的密切联系，即计划、目标、内容、结构、方法、教师、学生、评价等。只有与其他教学要素及相关标准要求相符，才能顺利将教学模式引入教学过程，从而产生更好的实用价值。

（三）实施阶段误区

1. 操作误区

在体育教学模式的实施过程中，应切忌一味求全，如果全面涉及教师、学生、设施设备等各个环节，将会无法明确主题，难以发现关键问题。所以，高校应先在小区域内验证，然后再构建可行、有效的相关机制，并根据实际情况进一步优化，最后大范围推广与实施。

2. 管理误区

体育教学模式的顺利实施,还需要政府、教育部门、学校等部门相互协作、共同管理,无论是哪一方或哪一环节出现失误,都会对体育教学模式的实施效果造成直接影响,甚至还会被迫停止,导致整个计划都无法实现。

3. 评价误区

高校在试行新型体育教学模式一段时间之后,应注意对其具体落实情况进行全面评价,即领导、教师、学生、家长等全方位的评价,一旦出现问题,及时采取有效措施加以解决。同时,高校还要积极关注教学过程与教学效果的评价,最大限度地防止各种衍生问题的出现,从而为教学模式的顺利实施提供保障。

二、高校体育教学模式现状分析

(一)指导思想

教学指导思想是教学模式的核心,传统的高校体育教学指导思想以技能教育与素质教育为主,但是近年来,许多高校都根据自身情况转变了教育理念,将培养终身体育作为体育教学的指导思想。当然，仍有少数体育教师在教学指导思想上认识不足，没有与时俱进，这就需要高校进一步强化教师对教学指导思想的深层学习，以提高其对教学的综合认识。

（二）教学大纲

教学大纲直接影响着高校体育教育事业的有序发展，其对于扩大体育教学空间形成了一定的促进作用，并在明确体育教学模式的总趋势和总方向方面发挥着重要的指导作用。现阶段，大多数高校对体育教学时间的安排都比较合理。许多高校在与国家相关规定相符的基础上，结合本校学生的特色、地域差异等，对体育教学进行科学合理的规划与安排。

（三）教学条件

教学条件实际上就是教学环境、场地设施、教学器材等，是教学进一步实施的必要条件，也是体育教学顺利开展的重要基础。其一，目前，高校体育教学场地设施的配置并不完善，尤其是造价较高的场地设施，还有少数学校未实现现代化体育场所的构建，这就直接导致了学生难以实时接触新项目。所以，我国大部分高校的场地设施还有待健全，现代化与综合型体育场地也急需完善。在目前的体育教学中，学生可利用操场进行跑步、跳远等常规项目的训练，但是部分专业项目的场地却比较匮乏，这根本不能满足学生的多元化运动需求，进而大大制约了教师与学生进行体育运动的主动性与积极性。其二，高校体育教学器材不健全。当前，只有少数器材能够满足体育教学需求，品种比较单一，无法满足大部分教师与学生的多样性需要。另外，部分学校更换体育用具也不够及时，如网球、羽毛球等因使用频率高，损坏速度较快，若不及时更换，会严重影响教学效果。

（四）师资结构

对于高校体育教学而言，体育教师是最关键的人力资源，也是体育工作的组织者与指导者。目前，高校体育教师的年龄结构相对合理，但是在学历上，以本科学历教师居多，相较于其他学科而言，体育教师的学历相对偏低。因此，高校需进一步深化对教师的继续教育和培训，或积极引进更多高学历、高能力、高水平的教师，以提高教师队伍的综合实力。

（五）教学内容

当前，高校体育教学主要是锻炼学生的体育运动技能并发展其体能，而对提高学生心理素质、强化学生安全意识、提高学生社交能力等综合素质方面的训练不多,在教学内容上也大大忽略了对学生学习兴趣与健身需求的重视,根本体现不出体育教学的现代性。高校几乎很少开设健美操、瑜伽等大学生感兴趣的时尚体育运动项目,主要是因为高校的硬件设施不完善,不具备开设课程的条件。

(六)教学方法

高校的体育教学形式大都是依据学生兴趣设计的,其中多数院校以年级划分,进行分班教学,有的项目按照性别进行划分。在教学方式方法上,还有一些体育教师依旧利用讲解与示范的方式,没有重视学生的感受,为学生提供的自行练习时间过少,教学过程单一、呆板,无法充分调动起学生的积极性与主动性。再加上教师缺乏对新型教学方式的有效引进,对体育教学方式的创新不够,从而使得其教学效率与质量难以提高。

三、高校体育教学模式创新发展的策略

(一)更新指导思想

高校体育教学指导思想是体育教学模式的核心,所以,必须先树立科学有效的、先进的教学指导思想。体育教师也应做

到与时俱进，不断引进新知识、新技术，拓展学生的知识面，调动学生学习体育的兴趣。另外，在体育教学中，高校还应基于全面发展的角度，积极引入现代化教育思想，争取为社会培养出更多高素质、高能力的优秀人才。

（二）丰富课程设置

现阶段，高校体育课程的设置比较单一，要适当增添一些学生感兴趣的项目，如拓展训练、瑜伽、健美操、野外生存等，以此调动学生的学习积极性与主动性，有效缓解教师的压力。同时，高校应在条件允许的基础上，根据自身实际情况，增加一些与大学生身心特性相符的体育课程，以提升学生的综合素质。

（三）师资队伍建设

对于高校教育事业而言，教师占据着主导地位，是提高教学水平与效率的关键所在。高校体育教师的综合素养与教学质量、学生健康发展之间息息相关。所以，高校应高度重视提高体育教师的综合能力，为教师提供多元的培训平台，全面培养更多高素质、高能力的体育教师人才，从而实现高校体育师资队伍的优化建设。

（四）突出本校特色

各大高校应就本校实际情况、学生特点及所在区域的特色，创建与学校、区域特色相符的体育教学模式，将自身特色凸显出来。同时，还应努力把校内与校外的体育活动、课内与课外的体育活动全面结合，构成校内、校外、课内、课外的全程一体化教学模式，为实现体育教学目标提供有力的支持。

四、现阶段高校体育教学模式的构建

（一）原则

1. 创新课程内容

高校应遵循精细化、实用化等原则，适当增加实践性与应用性课程，促使学生的实践能力得到全面提升。传统教学中的理论与实践能力的培养只是体现在课堂教学上，是在学生学习基础课程理论之后，才进行后续的技能教学。而全程一体化教学模式，是将技能教学始终贯穿整个教学过程，让学生在每个阶段都能进行体育学习，这样一来，不仅会使学生的综合技能培养得以深化，还能实现学生综合素质的提升。

2. 优化教学内容

高校应注重提炼学科课程与技能培养的相关内容，进一步优化课程内容的讲授顺序，使课程内容彼此之间实现相互联系与对照，从而促使学生将教师所传授的体育知识与技能内化吸收。

3. 实现全程一体化教学

高校要为学生创建教学技能训练场所，保证技能培养的连续性，在校内和校外、课内和课外之间实现全程一体化教学，最大限度地提高教师与学生的综合技能。

（二）构建

全程一体化教学模式并非传统的阶段性技能教学，而是系统的、立体的技能培养过程，其主要是把技能培养始终贯穿学生的整个大学时期，也就是基于课堂教学，将技能训练贯穿各学期的体育课程中。在不同学期的体育教学中，侧重安排相应的运动技能训练项目，并与第二课堂实现有机结合，形成课内外、校内外、教学训练与竞赛强化训练相结合的一体化教学模式，多层次、综合培养教师与学生的体育素养与能力，推动学生及时内化知识并深化技能。

综上所述，基于新形势，高校体育教学模式实现了历史性转变，开拓了体育教师实现专业化、综合化发展的新时期。高校应对体育教师全身心投入体育课程教学改革的积极性与主动性给予认同与鼓励，当其遇到问题时，学校应及时给教师提供帮助，或制定相关措施加以解决。虽然，近些年的高校体育教学模式发生了一定改变，但在传统教学理念的影响下，体育教学模式依旧有待进一步创新、优化，以便能够更好地满足现代化建设的需要。这就要求高校必须深入了解体育教学的本质，明确体育教学的任务，掌握体育教学的规律，确定身体素质与运动技能教学的核心地位，基于新型体育教学模式，带动体育教学创新发展，开创体育教学的新形势、新局面。同时，高校还要深化人才培训培养，构建全程一体化的教学模式，其中，不仅要突出体育专业学生的优势，还要弥补其不足，将技能训练始终贯穿于整个体育课程教学过程，从而促进学生全面、综合发展。

第二节 体育教学中典型的教学模式

一、CBE 理论的高校体育教学模式

为有效改善高校体育教学效果，推进高校体育教学深化改革，提高高校体育教学水平，有必要逐步摒弃传统滞后的体育教学模式，加强 CBE（Competency Based Education）理论在高校体育教学中的应用，对高校体育教学模式进行创新。基于 CBE 理论，对高校体育教学模式进行创新构建，要引导教师摒弃传统滞后的体育教学观念，将培养大学生的体育运动能力和综合素质作为核心目标，促进大学生积极参与体育课堂教学。

（一）CBE 理论概述

CBE 理论，是指能力本位教育理论。该理论注重培养学生的能力，以此为出发点，确立人才培养模式，并制订具体的教学方案。CBE 理论的核心，在于对学生的职业岗位能力和综合素质进行培养。在教学过程中，学生占据核心地位和主体地位，要明确教学的具体目标，并对能力培养的详细方案进行科学制

订，要有效保障教学内容具有较强的实用性。CBE 理论的教育目标在于有效培养学生的职业岗位能力，并基于这一导向，对课程资源进行建设，对主要教学内容和具体教学方法进行合理选择，合理制订教学计划，并对教学进度进行有序安排，对教学评价体系进行优化，有效提高大学生的职业岗位能力和综合素质。

高校体育致力于锻炼大学生的体魄和运动技能，增强大学生的综合素质。要基于 CBE 理论的科学指导，对高校体育教学模式进行科学构建，摒弃传统的体育教学思想观念和教学模式，引导大学生深入理解和全面掌握体育理论知识、体育运动技能和相关锻炼方法，有效增强大学生的身体素质。

（二）CBE 理论在高校体育教学中的实施应用

1. 引导学生熟悉体育学习锻炼环境

在高校体育教学中，对 CBE 理论实施应用，要引导学生熟悉体育学习锻炼环境，引导学生全面了解高校体育教学的具体内容、各项体育教学资源和体育锻炼设施等。另外，体育教师要引导学生了解高校体育教学的相关制度和具体规章。

2. 明确CBE理论在高校体育教学中的实施流程

高校师生要明确CBE理论在高校体育教学中的实施流程。在此基础上，体育教师要科学指导学生对体育课程的各阶段学习目标、体育锻炼计划进行合理制订，并督促学生严格遵循学习目标和体育锻炼计划有序开展体育学习和锻炼，确保学生在规定期限内完成体育学习任务。

3. 对学生入学的体育水平进行评价

高校体育教师要对学生入学的体育水平进行客观公正的评价，并依据评价结果，引导学生对体育学习锻炼的各项计划进行制订，并将评价结果作为体育成绩，录入学生档案。同时，体育教师要综合考虑高校体育教学的各项状况，增强体育教学计划的可行性。

4. 对学生的体育学习锻炼成绩进行评定

高校体育教师要基于CBE理论确立各项体育评价指标和相关要求，并合理确定体育考核时间，对学生演示的体育动作进行观察测定，在此基础上，对学生的体育学习锻炼成绩进行评定，并将成绩录入学生档案。

（三）基于 CBE 理论的高校体育教学模式创新构建策略

1. 对高校体育教学目标进行明确

基于 CBE 理论，对高校体育教学模式进行创新构建的同时，还要对高校体育教学目标进行明确。高校体育教学，不仅要注重锻炼学生的各项体育运动技能，还要深入挖掘体育运动项目具备的交际功能，强化体育课堂教学过程中的学生交互，促进高校学生开展体育运动项目竞争和团结协作，有效增强学生的竞争精神和合作精神。例如，部分体育项目具有较强的集体性。对于此类体育项目，教师在教学过程中，可设置具有较强互动性和趣味性的体育比赛，组织大学生分成多个小组，开展小组间的对抗比赛，在此过程中，能有效增强学生的竞争精神和合作精神，并锻炼学生的体魄和意志，在潜移默化中增强学生的人际交往能力，加强体育教学课程对学生职业岗位能力的有效培养。

2. 基于职业能力创设体育教学情境

加强高校体育教学对 CBE 理论的应用，要充分体现"能力本位"，并基于职业能力对体育教学情境进行创设。体育教师要深入考察并明确掌握各项体育运动项目的特点及其蕴含的教育功能，对体育教学情境进行科学创设，实现对大学生岗位职业能力的有效培养。教师要对体育教学情境进行科学创设，凸显集体互动性，实现对大学生体育学习个性化需求的良好满足，并有效促进体育教学集体目标的实现。教师要对体育课堂教学内容进行拓展延伸，将素质拓展的相关项目纳入体育教学课程中，提高大学生的集体意识和职业岗位能力。

3. 培养大学生的个性化能力和综合素质

基于 CBE 理论，对高校体育教学模式进行创新构建，要强化对大学生个性化能力和综合素质的有效培养。教师要引导并鼓励学生对各项体育运动项目进行自学，大幅度提高学生的自学能力，并强化学生对 CBE 理论的深刻认识，在潜移默化中增强学生的自学意识。教师要强化对大学生的科学指导，激发大学生对体育运动项目的学习兴趣和热情，引导学生对感兴趣的体育运动项目进行深入学习和反复锻炼，有效强化学生的个性化体育素质和运动技能。同时，在体育课堂教学过程中，教师要对后进生给予更多关注，并为后进生设置合理的体育教学目标,激发后进生对体育运动项目的学习兴趣和自信心,有效增强大学生的综合素质。另外,教师要兼顾个性化和集体化体育教学,促进大学生加强体育学习过程中的沟通交流。

4. 加强体育职业规则和道德教育

体育运动项目呈现出较强的交际性。多数体育运动项目存在相应的规则,学生在参与体育运动项目的过程中,自觉遵守各项规则,能在潜移默化中增强自身的教养。在 CBE 理论指导下,高校体育教学要加强体育职业规则和道德教育,帮助大学生有效完善其职业能力结构。通常,高校在开展体育教学过程中,所引进的各项体育项目,均具备相应的教学制度和各自的规则。对此,教师要加强体育运动项目相关制度和具体规则对学生的约束性作用,引导学生在参与体育运动项目的过程中开展有序竞争和有效合作,引导大学生树立良好的规则意识,并对大学生的各项体育行为进行安全合理的控制。

综上所述,CBE 理论非常注重培养学生能力。加强 CBE 理论在高校体育教学中的应用,对于提高学生的职业岗位能力和综合素质具有至关重要的意义。

二、"互联网+"时代高校体育教学模式

随着我国互联网的进一步发展，其对于高校体育教学的冲击将会变得越来越显著，传统体育教学方法和模式在未来的教学过程中将难以产生效果，必须对教学进行必要的改革。作为一名高校体育教师，在当前也应该充分认识到互联网对高校体育教学的诸多冲击，并且能够尽快地转变教学理念，将自身放在跟学生等同的位置上，并积极学习各类新型教学方法，灵活利用互联网的优势来提高体育教学的最终效果。这样，高校体育教学就能够在网络背景下实现更好的发展，发挥体育教学的真正价值。

（一）何为"互联网+"新型教学模式

互联网以其高效便捷、实时沟通、信息共享而优势凸显。如何充分利用"互联网+"，改变传统的备课、课堂教学、教育资源的差异给学生带来的不公平。如传统体育教学活动受条件限制，无法挖掘学生的潜质，学生发散思维慢、自主能动性学习差等都弊端可以在互联网教育模式下得到改变，以共享信息为平台，互相交流学习，实时答疑；以大数据为背景，了解

当代学生的学习情况,动态调整教学模式,提高教学质量,实现教学相长和资源共享。

那么什么是"互联网+"的新型教学模式?

"互联网+"新型教学模式是指教师以"健康第一"为指导,以新课标、新理念为准则,以学生为主体,事先在互联网上公布各个学期与体育项目相关的教学内容和任务,提供各个专项的相关信息和视频,鼓励学生在课外主动使用互联网,对所选专项有一个基本常识和基本技能的感官认识,从而能正确选课,再通过课堂内的教学传授、自主学练、交流探究、总结提高等教学措施来完成教学任务的一种教学体系。既能避免学生选课时瞎选乱选的盲目行为,又能为学生主动熟悉各项体育项目提供足够的时间和空间。其结构形式为:网上公布教学计划和教学内容及相关视频—了解项目特性和运动原理—激发兴趣—选课学习—交流探讨—探究创新—总结评价—强化提高。

(二)互联网信息技术对高校体育教学的积极意义

1. 促进了高校体育教学内容的扩充

传统体育课堂教学,往往是以教师为中心,让学生反复练习教师所示范的技术动作,属于被动学习,缺乏趣味,学生学习效率低下。因此，为了提高体育教学效率，就要丰富体育教学的内容，提升其趣味性和多样性。在高校体育教学内容活动的设计中，通过引入信息技术与体育专业知识相结合，不仅能发挥互联网信息技术的优势，还会丰富体育教学的内容，从而吸引学生的注意力，激发学生自主学习的动力，培养学生良好的锻炼习惯和锻炼意识。

2. 可以在一定程度上弥补高校体育教学的不足

传统的体育教学，由于受场地、器材等因素的困扰，很难做到因材施教，而网络信息技术的迅速发展和广泛应用把人类带进了一个高速发展的信息时代。随着网络信息技术不断地应用到教学的各个领域之中，学生获取知识的途径成倍数增长，高校体育教学也不仅仅局限于课堂教学，在教师的指导下，学生可以通过信息网络学习到各种各样的体育技能和知识。

（三）"互联网+"高校体育教学的改革途径

1. 转变教师教学理念

在传统教学模式中，教师跟学生之间的地位处于不平等的状态，教师通常都站在主体地位上，学生只能被动地接受教学内容。在这种教学环境中，教师具有较强的权威性，并且跟学生之间的交流沟通非常有限，最终的教学效果也不会很高。而在互联网不断发展的背景下，学生的思想受到互联网的影响变得更加开放，并且开始抵触传统教学中的师生关系。这时候，高校体育教学就应该在这方面做出改革，转变教师的教学理念，优化教学过程中的师生关系。

在这之中，教师应该认清互联网时代的转变，并积极接受互联网思想的熏陶，在教学过程中跟学生建立平等的交流关系。体育教学的内容相对于高等数学、专业课等学科来说本身就相对轻松，因此教师在教学过程中更应该弱化自己的主导形象，而应该尽可能地引导学生共同完成教学过程。这样，教师就能够实现跟学生的平等交流与沟通，不会受到太多的抵触。

2.使用新型教学方法

在高校体育的传统教学中，教师一般采用的方法都是"示范—模仿法"，并且还会在一些体育运动开始之前给学生进行必要的讲解。这种方法虽然在短期内比较有效，并且能够让学生快速掌握各类体育运动的技巧，但是很难对学生进行强化训练，难以保证教学的质量与品质，最终使学生的体育训练效果参差不齐。特别是在网络背景下，很多信息化技术都已经拓展到了教育行业中，因此高校体育教育也应该灵活使用各类新型教学方法。

本书认为翻转课堂和多媒体教学通常在体育理论教学和课堂教学中具有较好的效果，但对于单个体育运动项目的技能熟练度提升方面的效果非常有限。在这种背景下，可以在高校体育教学中推行慕课教学法，即将部分体育教学内容放置在互联网平台中，让学生能够随时随地通过智能手机、平板电脑等终端来查阅到各类教学内容，提高体育教学的灵活性。不仅如此，慕课平台中还可以放置一些视频、图片、分解教程等资源，可以让学生清晰直观地看到各个体育运动项目的技巧，并且还能够随意回放各个动作，增强教学效果。但慕课平台在高校体育中推行也是一项长期工作，需要高校投入一定的资源来着手完善。高校可以考虑逐步建设所有学科的慕课平台，充分利用这种新型的教学方法，将互联网跟教育教学真正融为一体。

3.优化校园体育文化

在高校体育的传统教学中，很难形成特色鲜明的校园体育文化，最多体现在一些校内标语和标识上。这也使学生在接受体育教学过程中很难受到校园文化的影响，使得体育教学的效果一直都不理想。在互联网快速发展以后，高校大学生能够通过互联网来接触到更多的文化内容，使高校内部文化组成变得非常复杂，无法对大学生群体产生正向的影响。

想要保证高校体育教学在网络背景下的教学效果，就应该改善高校校园文化，真正建立富有体育精神的新时代校园文化。这需要高校管理者能够明确体育精神对于大学生身心成长的重要性，做好社会主义核心价值观相关宣传的同时，也能够跟体育院系共同开展一些校内体育活动，比如新生篮球赛等。通过这些活动在校内营造一种体育文化氛围，解决高校体育教学受到互联网多元文化冲击的问题。

4."室内""室外"相结合，增加多媒体教学在体育教学中的应用

现代的体育教学，不应局限于体育场地（馆）当中，而是应该将教室、体育场地（馆）结合起来，为多媒体教学提供更多的授课时间。例如，教师在教授体育技术动作和战术的时候，需要给学生演示和讲解，在传统教学中，老师的示范会比较麻烦和抽象，学生理解上也会产生障碍，所以可以通过教室中的

多媒体设备，通过多媒体技术来辅助体育教学，让学生通过观看技术和战术的视频图画教学或者体育比赛视频来进行学习，这样的教学更容易提升学生的注意力，且更简单易懂，让学生加深对体育运动的认识的同时，提高对体育技术的掌握能力。

5. 创新体育教学内容，深化课程改革

在信息化的教学活动中，有很多的教学资源和教学方式，但是在教学活动中要选择适合本课堂的教学资源，不能一味地追求教学内容的丰富性和多样性，而忽略学生对内容的接受程度。所以，在撰写教学内容时，要对其进行取舍，选取更适合学生理解和接受的，能使学生明确教学目标，且能达到教学效果的教学内容。

三、慕课（MOOC）时代高校体育教学模式

随着社会的高速发展，社会对体育人才的需求更多，如何实现高素质体育人才的培养是目前各大高校的主要教学研究工作之一。人才的培养应该适应时代的发展需求和社会的前进步调，在现今信息海量化的时代，高校的教学模式也应该出现新的改变，使教学模式和具体的教学手段更加适应社会的需求。

针对网络课程的高速发展趋势，高校在开展体育教育的时候可以运用网络课程的优势，强化学生对体育知识的学习和掌握程度。

（一）MOOC 的科学内涵及发展趋势

1. 内涵

MOOC（Massive Open Online Courses）是指规模较大的呈现开放性质的网络课程，是一种可以自主学习的网络平台，涵盖海量的学习信息。MOOC 有三个主要的课程特征，在很大的程度上能够帮助浏览者进行高效的学习。第一，浏览者可以在平台上进行自由化的资源获取和观看，这样的课堂模式不需要浏览者根据教材开展具体的学习活动，同时，这些资源的获取是免费的，浏览者不需要为此支付任何金额。第二，对浏览或是学习的人员没有数量的限制。相较传统的课堂教学模式，这样的模式更加方便学习者的学习，不再受教室的环境和大小限制，无论多少人员都可以同时进行网络课程的学习和使用，这样就大大方便了人员的浏览和学习，满足多人同时学习的需求。第三，具有开放的授权特征，浏览者不再局限于浏览网站的限制，通过网络课程的开放授权，学习者可以通过不同的网页平台进行网络课程的浏览和学习。这样的模式不仅方便了浏览者的信息查找，也使学习者可以进行更好的网络平台的学习，提升自身的学习成果。

2. 发展趋势

目前，MOOC是国外各大高校比较受欢迎的一种教学模式，通过众多教学信息的提供，学生的学习效果明显提高。相关资料显示，国外很多高校为了提升教学的整体效果，加大了对教育资金的投入，制作了众多的具有专业水平的开放课程，深受学生们的喜爱。国外高校提倡终身学习的理念，认为知识的汲取是一项长时间的工作，没有具体的时间限制，作为一种重要的精神养料，人们应该重视知识的传播和学习，加强教学资源的开放性建设。

（二）开展MOOC体育课程的优势

1. 提升学生在体育课堂中的注意力

我国传统的体育教学是以封闭式的教学模式为主要手段，传统高校体育课程的课时一般为90分钟，学生在进行体育知识的学习中会出现注意力不集中的现象。现有的MOOC将整体的体育课程时间控制在10~15分钟，这样长度的课堂可以让学生以最好的注意力进行体育知识的学习。虽然体育课堂的时间较短，但是 MOOC 将重要的体育知识融入视频资源中，将重点的体育知识进行更好的、更系统的总结和传播，这样可以提升学生对体育知识的学习效果。

2. 强化学生在体育教育课堂中的主体性

MOOC 是一种新型的教学模式和教学手段，创新了原有的高校体育教学课堂形式，在很大的程度上提升了课堂教学的开放性，同时通过这种新颖的教学模式提升学生的课堂注意力，强化学生的学习效果。MOOC 的课程时间控制在 10~15 分钟，这样的时间控制可以给学生提供更多的提问和交流时间，学生在体育课程的开展中可以强化自身对体育知识的掌握和理解程度，强化学生参与体育课程的主体性。同时，这样短时间的课程控制可以让学生以小组的形式开展知识讨论，对那些没有完全掌握或是存有疑虑的知识开展小组讨论，强化学生之间的学习交流效果。

3. 丰富了体育教学的资源

使用网络课程的体育教学，在一定程度上提升了教学资源的丰富率，使学生在接受体育教学的时候可以进行更多视频资源的观看，掌握这些网络视频中的体育知识点。使用网络课程的教学手段可以丰富原有的高校体育教学的模式，改变原有的课堂教学模式，创新体育知识的传播途径。可以说，MOOC 在很大程度上丰富了高校的体育课程教学资源的总量，提升了学生接受体育知识的主动性，强化了高校的体育教学成果。

（三）我国大学校园开展体育教育网络课程的情况

1. 现状分析

随着教学工作的改革和创新，我国已经开始了高等教育资源的平台共享建设，同时重视对一些新的教学理念和教学模式的引进和借鉴，逐渐转变之前的教学模式，努力实现开放式教学工作的开展。

2. 具体平台的使用情况

据 2018 年教育部国家精品在线开放课程认定结果公示，我国有 251 所高校加入了 MOOC。但这些学校开设的课程主要是以计算机课程、英语课程为主。[1] 这样的数据资料就会给人留下直观的印象——我国高校的网络在线课程的建设程度很低，有关体育教育的网络课程更是少之又少，整体的体育在线课程的建

---

[1] 刘景堂. 高校体育教学改革研究 [M]. 北京：中国纺织出版社, 2020.

设需要强有力的支持，MOOC 体育课程的建设应该受到各大高校正确认识，各大高校应该积极强化有关体育教育的网络课程的建设力度，提升整体的体育教育的成果。

（四）基于 MOOC 提升高校的体育课程的建议

1. 提升模式的信息化发展力度

现今是一个信息飞速发展的时代，为了提升学生体育学习的效果，高校应该努力提升 MOOC 教学模式的信息化建设程度，强化学生课程学习的效果。现阶段正是我国开展高校改革的时期，使用先进的教学技术和教学媒介是目前高校改革的主要手段之一，也是高校改革的一个重要表现形式。当前正在高校发展的 MOOC 模式是一种先进的信息化平台，为学生实现网络学习提供技术支持，通过开发体育的 MOOC 课程，可以强化当前的教学改革成果，为体育教学的现代化提供有力的支持。

2. 更新高校师生观念，提升 MOOC 课程的构建水平

体育教学是目前各大高校开展教学工作中的一个重要的组成部分，体育课程的教学力度应该适应目前社会对体育人才的各项要求，应该积极引用先进的教学手段和教学媒介提升教学的成果。目前，很多高校的体育教师根据多年的教学经验形成

一种固定化的教学理念和教学手段，导致很多高校在开展体育教学的过程中，课程的开展形式主要是传统的知识讲授，不能适应目前的教学发展需求。所以，为了实现更好的体育教学工作的开展，强化高校的体育教学现代化，高校的师生必须更新现有的教学观念，强化网络平台教学在各大高校的应用，推动这种全新的教学理念和手段的发展速度。

3. 借用国外的发展经验，提升我国MOOC课程的灵活程度

目前，国外的MOOC课程发展程度较高，同时取得了一定的教学成果，在体育教学的工作中有着一定的经验。为了提升体育教学工作的开展成果，我国高校应该吸收国外高校在开展网络课程教学工作中的经验以及先进手段，努力提升高校体育网络课程的建设程度和发展情况。同时，我国高校在开展MOOC课程的时候应该以灵活的态度进行课程的改革，不能全部照搬国外的发展模式和手段，应该根据自身的发展情况以及国内体育课程的开展现状进行灵活性的课程开展。同时在课程开展时，重视学生对体育课程的意见反馈，通过学生的直观感受提升网络课程的建设成果。

MOOC 课程是目前具有先进水平的教学手段和媒介之一，我国高校在开展体育课程的工作中，应该积极引用国外的发展经验和先进的教学手段提升体育教学工作的先进性，同时应该根据高校自身的发展情况和课程的建设水平灵活运用 MOOC 课程，灵活调整体育课程的安排情况。

四、基于人才培养的高校体育教学模式

高校作为体育人才培养的摇篮，肩负着为社会各阶层培养高素质人才的使命。然而，在当前高校体育教学中，由于体育教学模式滞后，在一定程度上导致体育人才培养成效远不如想象的好。为此，随着素质教育的不断实施与深化，就要求高校应着眼社会需求，并结合自身办学条件，及时革新体育教学模式，培养更多体育优秀人才。

（一）培养高校体育人才的必要性

在当今社会环境下，高校人才培养的主要目标着眼于服务、生产及建设等多个方面，并重视学生能力、知识、素质的全面发展。为此，高校人才培养的教育活动与课程设置都是围绕培养应用人才目标展开的。而体育教学作为高校教育教学重要组

成部分，对大学生身心健康发展有重要作用，所以体育教学更具有鲜明的实践性及应用性。鉴于此，高校应结合体育教学与社会发展需求，革新高校体育教学模式。即打破传统教学观念，以学生个性需求为出发点，因材施教，充分发掘学生的体育潜能，提升学生的社会适应能力及就业竞争力。所以说，在素质教育及新课程背景下，培养高校体育人才势在必行。

（二）基于人才培养的高校体育教学模式方向选择

首先，当前高校体育学生多为"00后"，由于学生个性特征较为显著，对新型教学模式欢迎程度更高，所以基于人才培养的高校体育教学管理部门要充分引进更多新型体育人才，旨在满足学生对教学内容的趣味性、自由性及体育教学内容多元化的需求。

其次，高校体育教学与其他学科教学存在的一个最大不同点，即授课过程对设备器材配置要求很高，并不是只要有一块空地就可以了。以拓展训练或定向越野等来说，高校必须配备相对固定的场地及设备，如果缺乏场地及设施就无法顺利开展相应教学内容，进而影响学生的训练情况。所以说，优化体育教学设备配置是非常有必要的。

再次，随着高校体育教学模式的多元化，如果没有与之相适应的教学组织形式来支撑，高校体育教学有效性是难以提升的。对此，只有针对不同教学模式，选择合理且适宜的教学组织方式，才能为高校学生学习提供保障，进而培养出更多的优秀体育人才。

在素质教育不断深入的当下，国内诸多高校已经设置了新型体育项目，如瑜伽、围棋及舞狮等，不仅激发了学生的学习热情，还为学校体育课程学习带来了更多趣味性。为此，结合时代发展进一步调整高校体育课程结构至关重要。

最后，在当前高校体育教学中，在教师授课内容、教学实践能力、课程创新意识等方面还没有形成科学的评价标准。虽然高校已制定相应评价制度，如实践技能展示、实践成果展示，但这些评价制度还缺乏一定的可行性（重视锻炼结果，忽视学习过程），不利于学生全方面协调发展，更不利于优秀人才的培养。为此，完善高校教学评价体系非常有必要。

（三）基于人才培养的高校体育教学模式改革建议

1. 强化新型教学人才引进

据了解得知，当前大多高校由于缺乏一定的高水平体育专业人才，导致基于人才培养的体育教学改革停滞不前，甚至出现了教学效率低下、学生学习兴趣不高等问题。为此，要想实现素质教育下高校体育教学模式改革，加强对人力要素的重视是关键。人力要素对于任何组织的发展进步都是非常重要的，特别是高水平的人力要素对组织发展进步有重要促进作用。为此，基于人才培养的高校体育教学模式改革也不例外，同样需要高水平人才的辅助开展教学，以培养更多优秀人才。

基于此，在人才培养视角下，为进一步满足新课改新要求下高校体育教学模式的基本需求，开展体育教学模式改革，强化教学新型人才引进至关重要。特别是一些新型的体育项目，如街舞、射击、棒垒球等，都需要新型优秀体育人才提供教学。尤其是对于那些刚起步的高校来说，强化教学新型人才引进更为紧迫。因此，在素质教育不断深化的当下，为进一步优化高校体育教学质量，培养更多体育人才，高校必须强化高水平体育教学人才的引进，旨在更好地开展体育教学，促使学生积极主动参与进来。与此同时，高校还要对现有的体育教师进行培养，包括教学理念、体育理论科研水平及教学能力等，进而提升高校整体师资水平，完善专业结构。由此可知，在素质教育背景下，基于人才培养的高校体育教学模式改革，迫切要求教师有极强的专业能力，不断更新自身知识系统，为培养更多优秀人才做好准备。

2. 优化体育教学设备配置

实践教学离不开教学设备，教学设备既是实践教学的基础，也是实践教学的保障，更是衡量实践教学及规模的重要指标。然而，经实践得知，在当前大多高校之中，均存在不同层面上的体育教学设备问题，不仅影响着高校体育教学质量（利用率不高、浪费严重），还影响着高校体育教学改革进程推进。鉴于此，基于人才培养的高校体育教学模式改革，优化体育教学设备配置尤为重要。

具体而言，为全面弥补高校体育教学设备配置问题，高校应基于人才培养视角主观性增加和完善新的教学器材及设备配置，为培养更多优秀体育人才奠基。具体而言，对于一些较为老化的设备及时更新换代，且相应地增添一些新型的体育教学器材，促使师生能够在不同程度上得到体育教学及学习上的满足。基于此，高校体育教学相关管理部门，应合理科学进行资金规划与配置，以期适当增加高校体育教学设备配置资金，进一步完善新型体育教学设备配置，为实现体育人才培养贡献力量。由此可知，基于人才培养的高校体育教学模式改革，只有在体育教学设备配置上加以重视并全面完善，才能进一步推动体育教学模式改革，培养更多优秀体育人才。

3. 创新高校体育教学组织

随着新课程改革的逐步深入，传统形式下的体育教学组织已不能满足现代化体育教学需求。究其原因，传统形式下的体育教学组织形式单一且枯燥，不仅无法调动学生学习的积极性，也无法激发学生运动潜能。为此，基于人才培养的高校体育教学模式要想得到改革，创新体育教学组织是非常重要的。

以高校班级授课为例，虽说这是一种基本教学组织形式，但随着高校体育教学发展，这种教学模式也需要不断改革与完善。如创立新的课程结构模式，在班级授课基础上加强个别化指导，改变和丰富班级授课中学生组织方式等。如分层教学是顺应新课改新要求下诞生的一种新的教学方法，将分层教学应用到高校体育教学之中，可让各层次学生都能找到适合自己的学习内容与方法，从而以饱满的兴致参与其中并体会到成功的喜悦，最终获得更为优质的教学效果。

4.调整高校体育课程结构

在新课程改革背景下,科学合理且能调动学生学习积极性的体育课程结构,既能优化课堂教学效率,还能提升学生课堂体育技能训练质量。相反,设置不科学、不合理的体育课程结构,既不利于课堂教学效率的提升,更不利于学校对体育人才的培养。

具体而言,以学生全面发展为核心,构建专业理论、专业实践及素质教育人才培养体系是高校体育人才培养的定位。只有找准体育课程在人才培养中的定位,才能根据学生专业特点,合理设置高校体育课程,为学生个体发展服务。首先,高校体育教师要跟随时代发展,拓展一些新兴体育项目,如瑜伽、交谊舞、围棋、舞狮等,并将这些新兴体育项目引进体育课程建设之中。其次,高校还可以实行选修与必修相结合的形式,强化学生课堂学习自主性的同时丰富学生课程结构合理性。最后,还要将终身体育理念融入体育课堂教学,旨在通过课堂学习养成终身体育锻炼意识,提高学生身体素质。

5.完善高校教学评价体系

影响基于人才培养的高校体育教学改革因素,除了以上四点，还包括高校体育教学评价体系。为此，要想推动基于人才培养的高校体育教学模式改革，完善高校教学评价体系举足轻重，只有制定切实可行的教学评价制度，才能科学评价学生，促使学生更好学习发展。

例如，高校教师可以记录学生各阶段的专业及实践成绩，如每个学习阶段的量化分值，并对其进行综合分析，旨在研讨与分析的基础上及时调整体育教学计划，促使学生明确自身阶段性任务，并朝着这个方向科学有计划地开展体育训练，以期成为一名优秀的高校体育人才。由此可知，基于人才培养的高校体育教学评价体系，不仅要将过程性与结果性有机结合在一起，还要将理论性与实践性结合在一起，进而有效提升高校体育教学评价体系的科学性及公平性，为培养优秀体育人才奠定坚实基础。

综上所述，基于人才培养的高校体育教学模式改革势在必行，高校教师一定要加强重视，并做出相应的改变。

五、生态文明理念下高校体育教学模式

为了更好地构建高校生态体育教学，首先需要弄清楚的则

是高校体育在教学模式转变方面所遇到的问题。目前,基于生态文明理念,针对高校体育教学现状的调查研究,发现了诸多阻碍高校体育教学模式转变的问题,具体如下。

(一)生态文明理念下高校体育教学模式的转变问题

1. 生态体育认知不足,体育活动组织不力

随着我国对生态文明建设的愈加重视,"五位一体"的生态文明建设已经被写入国家发展战略之中。然而,目前很多高校还并未将体育教学的生态化发展给予一定的重视。由于高校体育的教学模式一直以来延续的都是传统教学理念和教学方式,所以很多高校尚未认识到"生态教育"的根本目的与发展意义,生态体育教学也依旧停留在理论层面。甚至很多高校出现了敷衍了事的状态,认为活动过后,一切回归平常,这严重阻碍了我国高校体育配套设施的引进,也不利于师生生态意识的提升。

2. 高校地理位置不利,生态体育教学不佳

通过相应的调查发现,目前我国部分高校处于城市繁华地段,虽然所处地理位置十分优越,但是教学环境较差,且存在一定的交通拥挤,导致学生的整体体育训练效果不佳。另外,在现实的生态体育教学模式转变下,笔者发现现有的生态体育教学模式并未抓住学生的兴趣点,教学内容、教学模式都并未引起学生的注意,教学评价也并未关注过学生个体运动能力的差异,往往一概而论。加之高校教师自身体育素养与知识水平的限制,无法充分满足生态理念下高校体育教学模式转变的需求。

3.配套设施严重滞后,生态体育开展不顺

近年来,随着各大高校的扩招,高校的学生呈现爆发式增长的趋势。高校用于体育锻炼的场地本就不够用,加之目前高校将学校的大量用地用于本校的基础建设项目,使得学校的体育健身场所更是骤然减少,活动面积严重不足。另外,因为高校资金投入及思想认知层面的限制,生态体育配套设施建设相对滞后,生态校园环境、体育运动场馆、硬件设施等配备不足,成为影响高校"生态体育"发展的最为关键的要素。根据笔者所见,目前很多省级高校甚至没有自己的游泳馆、乒乓球馆,有的只有田径跑道和篮球场,这对高校开展多样化的体育教学是非常不利的。

（二）生态文明理念下高校体育教学模式的转变措施

1. 树立生态体育文明新理念

高校体育中引入生态文明理念，目的是建设人与人、人与环境、人与社会的和谐发展。首先，要明确教师与学生的理念，使得高校的体育建设与生态理念紧密结合，让传统的体育教学向更健康、更文明的方向发展。其次，要让学生明确生态文明体育的重要性，加强对身边环境以及周边设施的重视，提高对自然的热爱程度，实现人与自然的和谐发展。最后，树立高校体育教学的科学化与系统化，引导学生树立正确的体育锻炼思维，遵循科学的体育运动规律，逐步实现人与社会的和谐发展。

2. 创建生态体育教学新环境

要想创建生态体育教学模式的新环境，首先需要建设的则是高校生态体育发展所需要的自然环境。自然环境就是涵盖在高校里面的所有人类活动已有的物质前提，因此在健全高校体育教学生态化结构的时候还应该构建它应有的自然生态环境。一方面，高校在选址上可考虑远离市中心较繁华路段，以免城市交通的拥挤、噪声的干扰不利于学生正常的体育锻炼。另一方面，对于体育场地以及配套设施、器材的选择则要注意内外部空间的科学运用。例如，合理运用高校的空地，建立安全的生态体育场所，对各项运动设施给予后期的修护，同时将场馆内的器材定期更新换代，为学生营造更安全的运动环境。

3.创新生态体育教学新模式

生态理念下的体育教学模式转变不仅要对体育内容本身进行转变，还需要对体育教学评价进行转变。将传统的只会量化的体育评价逐步纳入心理、情感等因素进行考评，在评价过程中，要重视学生课余的体育锻炼方式、身心发展程度以及价值观念形成。另外，在体育的教学中，要以学生为本，重视学生自身的需求，尊重学生个体的差异化，善于发现学生体育锻炼的擅长项目，用欣赏的眼光看待每一个学生，引导学生树立正确的生态化体育锻炼意识，提高学生对高校体育运动的重视。

总而言之，生态理念下的高校体育教学模式的转变研究是为了让高校逐步摆脱传统体育课堂对学生的限制，转变师生的意识，提高学生对生态文明的认识程度，从而增强学生对于高校体育的重视度。

六、VR 虚拟信息技术的高校体育教学模式

当前科学技术的发展日新月异，体育教学引入 VR（Virtual Reality）虚拟信息技术，对改变当前体育教学具有较强促进作用。进入新世纪，随着信息技术不断完善，信息化在教育教学领域不断得到更好的应用，VR 虚拟信息技术在高校体育教学之中的运用成为大势所趋。高校体育课程具有较强理论性、特殊教学手段的特点，在 VR 虚拟信息技术下的"沉浸式"课堂，具有较好的教学效果。

（一）VR 虚拟技术概念内涵及其发展

1.VR 技术的概念内涵

VR 虚拟信息技术又简称为 VR 技术，所谓的虚拟现实指的是在计算机的帮助下对人类的感知进行模拟，我们又称其为虚拟环境。我们在对这种环境进行创造的时候，相关人员通过听、触、视等多种感觉的作用对感知进行强化，进而让人们在计算机制造的虚拟世界之中沉浸，使其具有身临其境的现实感。在创设学习情境之中我们广泛地应用虚拟现实技术，这对学习内容的形象和趣味具有较强的促进作用，从而可以达到更好的学

习效果。把VR虚拟信息技术引入高校体育教学之中，不仅可以让危险动作的训练更加安全，还可以把培训成本进一步降低。所以，对体育教学领域来讲，VR虚拟信息技术相对多媒体、计算机技术更具优势。

2. 起源与发展

VR虚拟信息技术是一种集合多种技术的高科技，综合运用了模拟技术、仿真技术、计算机技术等，这也是今后研究的重要方向。当前，很多高校已经开始致力于研发和应用VR虚拟信息技术，有的高校成立了系统仿真、虚拟现实技术实验室，不断促进VR虚拟信息技术向现实应用转换。如浙江大学、哈尔滨工业大学、北京航空航天大学等学校在虚拟施工、人机交互等方面具有很深的研究。这些高等院校的实验室甚至可以承担复杂项目，实践表明，VR虚拟信息技术可以让学生在很好的场景下开展学习，让学生的体验更明显，这对学生掌握和巩固知识具有较强的促进作用。

（二）VR在高校体育教学中的应用情况

1. 国内学校教育中VR技术的应用现状

随着计算机技术的不断提升和教学理念的改变，在各个体育领域现代科学技术都有很深的应用,特别是在体育教学培训之中的应用更加深入。北京微视酷科技有限责任公司在VR领域具有较深的研究,他们在课堂教学之中使用VR技术进行有效的整合,研发的"IES（Immersive Education System）"沉浸式课程体系获得了很大的成功,并在高校体育教学中进行有效的应用。2016年,北京培新小学和该科技公司合作,共同研发并使用了"IES沉浸式教学系统",至此包括百度等在内的很多科技公司开始对VR虚拟信息技术在课堂教学中的应用进行研究并持续推出更多的教学模式,2016年广东工业大学举行了VR虚拟信息技术在教学之中的应用实践研讨,在高校体育教学领域VR虚拟信息技术也有了更广泛的应用。

2.VR体育教学相比传统体育教学表现出的优势

通过有效地运用VR虚拟信息技术,可以确保老师的指导更加精确,让老师更有效地开展教学。借助VR虚拟信息技术老师可以对学生的动作进行有效的捕捉和多次播放,对学生动作的正确性和规范性进行检测,让师资力量的压力进一步减轻。在互联网和大数据的作用下,VR虚拟信息技术可以有效地记录学生体育学习情况,如学生的运动时间、类型、身体情况等,在计算机的帮助下向老师和学生反馈体育教学结果，对老师来讲可以更好地对训练进行有效的调整；对学生来讲，在VR虚拟信息技术的作用下，学生学习兴趣得到培养，学习体育知识的热情高涨，可以让学生更好地理解和掌握运动技能。同时在VR虚拟信息技术的帮助下，原来安全、场地、设施等体育教学受限因素将不复存在，我们可以对多种体育项目所需的场地进行模拟，使高校可以更好地开展体育教学活动。

（三）VR虚拟信息技术在体育教学中的应用

1. 虚拟现实沉浸课

3D仿真模拟是沉浸式学习的起源，在教学课堂上有很好的表现。随着沉浸式虚拟现实技术的不断提升，在视听设备的帮助下，学生可以对学习环境进行科学有效的构建，实现和真实学习同样的感受。把沉浸式虚拟现实技术引入体育教学领域，可以实现一些奇幻的学习体验，如漫步星空、畅游深海等。事实上，与其他国家相比，我国把虚拟现实技术引入课堂教学中的时间最早。

一些高精技术教学，如航空航天、医学等课堂教学之中具有较为完整的沉浸式虚拟现实技术应用体系，和其他学科的教学模式相比，体育领域的竞技活动具有一定的特殊性，在体育教学之中引入沉浸式虚拟现实技术和其他学科存在很大的不同。作为一门综合性学科，体育教学涉及管理学、物理学、医学、心理学等众多学科，不管是教学内容还是训练内容的方式方法等都受体能、技能等多种因素的影响。把沉浸式虚拟现实技术引入体育领域，我们应该以核心的影响因素为中心，在平台上集终端、应用系统于一体，构建和真实学习环境一样的学习模式，以便学生能够全神贯注地投入学习之中，获得类似一对一的教学效果和感受。

当前 VR 技术虚拟环境并不是简单地构建 3D 仿真，或者对实际场景进行模拟，而是实现 360 度全景式的虚拟实景。体育教学的特殊性决定了其具有特殊的虚拟环境构建，运动项目的不同导致所需要实现的虚拟场景存在一定的不同。因此这就要求我们必须根据体育运动项目的实际情况对其教学进行虚拟现实沉浸，并在其中很好地融入其他技术，诸如 AR、MR 技术等，以便于保持丰富多彩的课堂形式。

2. 教材体系的应用

对大学体育教学来讲，教材在其中扮演着一个重要的角色，通过教材理论知识的帮助，我们可以更好地了解和读懂动作标准和要求，以便于更好地对各种技术尽快掌握。传统的体育教材，一般使用文字结合图片的形式描述技术动作，但是不管文字如何描述、图片如何精美都无法把技术动作全方位地展现出来，只能退而求其次地使用分解动作进行展现。在VR技术的帮助下，我们可以把这种情况很好地改变，也就是说，我们可以通过VR技术虚拟环境让学生全方位360度地观看动作要领。我们把2D的图片转变为3D的动画，通过这种形式对教学知识点进行对应展现，让原本枯燥、难以理解的理论知识更好地转变，确保技术要点以更加生动和直观的形式不断展现，这对学生学习主动性和激情的激发很有帮助，可以把重难点知识尽快地突破，实现效率和质量并重。体育专项VR教材主要由课本、手机终端等组成，承载着和课本相对应的知识点。

在信息技术不断发展的当今时代，课堂形式的变化越来越先进，对现代体育教学而言，传统体育课堂传授知识的执教模式已经不再适应时代的发展，尤其是引入VR技术虚拟环境之后，其具备的超时空性、仿真性等特点，开辟出了全新的执教领域和天地。在虚拟化教学的帮助下，可以在教室内展现出以前必须在操场上开展的体育项目的学习,让死气沉沉的课堂教学变得更加生动有趣。如通过在线游泳课程教学,教师在对理论知识进行传授的时候,可以让学生更加清楚游泳的动作细节。在移动终端的帮助下,可以对教学进行极大的辅助,发挥着独特的作用。同时,VR虚拟技术还可以让老师和学生的交互性大大提升,不再受时空的限制。

对体育教学事业来讲,高校体育教学改革是其中的一个重要环节,在互联网+技术的浪潮下,VR虚拟信息技术得以呈现和不断完善。科学技术取得极大的进步,硬件和软件水平不断提升,价格上也更加有优势。相信在今后高等院校教学的过程中,VR虚拟技术的应用会更加广泛,也会取得更好的效果,对此,作为高等院校体育老师应该有清醒的认识。

七、面向阳光体育的高校体育教学模式

我国社会整体发展速度正在不断加快,在这样的时代背景之下,我国教育事业的整体发展进入了一个新的阶段。但是对于很多大学生来说,其综合体育素质较差,且没有养成良好的体育锻炼习惯,这也导致其身体素质以及心理素质较差,将来走向社会势必会面临着多方面的考验以及打击。如果学生自身

心理素质较差，往往很难在社会上立足，同时也不利于学生的健康成长。因此，对于高校而言，展开体育教学是非常重要的，但是传统的高校体育教学模式往往与现阶段的阳光体育教学理念还存在着一定的差距，这势必会影响到高校的综合体育教学质量，同时也不利于学生的综合健康发展。在这样的时代以及教育背景之下，高校应该对自身的体育教学体系以及模式进行不断改进，从而促进高校体育教学事业的不断发展。

（一）阳光体育教学理念在高校体育教学落实过程中存在的问题

1. 目标意识不强

从现阶段我国高校体育教学活动开展的实际情况来看，虽然很多学校已经全面落实了阳光体育教学的理念，但是从整体的落实效果来看，往往存在着教学目标意识不强的情况。在新的教育教学形势之下，如果高校体育教学的目标意识较为薄弱，这势必会对高校今后的体育教学事业的开展产生较为严重的影响。从高校方面来说，在开展体育教学的时候，不仅要让学生掌握相关专业知识以及专业技能，同时还应该使学生的身体素质以及心理素质与现阶段我国社会发展的实际情况相契合，这样才能够保证高校学生的综合素质得到有效提升，在正式踏上社会之后，可以更加从容地面对种种来自外界的考验，这也是高校体育教学的重要意义以及职责体现。但是很多高校在展开体育教学的时候往往会受到传统体育教学理念的影响，这也在很大程度上影响到了高校教育事业的整体发展，很多学生都没有养成良好的运动习惯，因此，如果没有教师的监督，学生的身体素质就会下降，这极不利于学生在现今竞争日益激烈的社会环境中长足发展。

2. 高校体育设施存在落后的情况

从现阶段我国高校体育教学活动开展的实际情况来看，很多学校都存在着体育设施较为落后以及体育设施不健全的情况，很多高校为了可以更好地节约教育教学活动开展的成本，往往对体育教学的重视程度不够，在体育设施采购方面资金投入较小，这也使得高校体育教育事业的发展速度较慢。体育设施是体育教学活动展开的基础，对于体育课程来说，应该是一门以实践操作为主的课程，体育设施对于体育教学活动的展开有重要意义。除此之外，阳光体育教学对高校体育教师自身的专业水平也是有很高要求的，但是很多高校的体育教师往往没有达到这样的水准，缺乏教学经验，并且对新的教学理念以及教学器材的接受速度较慢，直接导致了体育教学模式的创新速度较慢，很难赶上时代以及教育事业的整体发展脚步，这也是导致阳光体育教学的整体质量难以得到有效提升的关键。

（二）阳光体育的高校体育教学模式创新体系构建策略

1.转变体育教学观念

想要更好地对阳光体育进行落实，高校方面首先应该注意对传统的体育教学理念进行一定的转变，从而使其与现阶段我国教育事业的整体发展理念以及社会的发展理念更加契合，这样才能够保证学生在踏向社会之后有较强的心理素质，对自身有更加明确的认知以及定位。面向阳光体育，高校教育部门的相关领导人员应该清晰地认识到体育教学的重要性，对传统的体育教学理念进行转变，坚持以学生为本的教育理念，注重体育教学情感化，这样一来，可以使学生在体育教学活动中的重要性得到更好的体现。例如，高校在对学生开展篮球教学的时候，其中有一个非常重要的环节是投篮教学，教师完成基本动作教学之后，可以让学生自行练习，当学生练习一段时间之后，教师要组织学生展开小组投篮竞技游戏，如此可以有效提升学生学习篮球的积极性，同时也可以激发学生学习篮球的兴趣。

2. 注重开展课外运动

面对阳光体育，高校应该将体育教学的内容与学生的课外活动进行关联，高校方面可以定期在校内展开体育竞技比赛，例如，篮球、足球、羽毛球、排球等比赛活动。这样一来势必会学生的业余生活得到极大的丰富。例如，高校可以定期举行足球比赛，足球是一项全民运动，同时也是一项集体性很强的运动，可以让很多学生都参与其中目。同时教师还应该注意对参赛学生进行技术指导以及团队协作指导，这样可以使球队的整体凝聚力得到有效提升。同时，在进行足球比赛的时候，学生还应该做好相应的保护措施，避免在运动中出现受伤的情况。

从现阶段我国高校体育教学活动展开的实际情况来看，还存在着诸多问题，学校方面应该积极对自身的教育教学模式进行改进，同时还应该根据学生的实际情况对其展开有针对性的体育教学。面对阳光体育，高校应该注重对体育教学模式进行丰富，告别传统的单一体育教学方式。此外，高校方面还应该进一步加强体育设备的采购以及更新力度，体育设施是保证体育教学整体质量的关键，只有保证体育设施的供应，才能够使体育课程的实践性得到更好的体现，从而使高校体育取得更好的综合教育效果，有助于学生身心健康成长。

八、文化传承视野下的高校体育教学模式

中国作为四大文明古国之一，拥有五千年的文化历史，我国的文化源远流长，博大精深，一直以来都是人们的精神向导。在我国社会发展进入新时期后，我国在教育中的改革也表明国家对文化传承的高度重视，对文化复兴的强烈期望，在高职院校的教育改革中如何融入中华文化，是改革中重要的环节，对于文化传承起着重要的作用。

（一）文化概念

文化是人们对生活的升华，是人们在满足物质需求后对精神需求的追求，是人们在社会发展中，为后人创造的文明。先辈在精神追求的过程中，创造了文字，发明了笔和纸，通过诗词歌赋让我们有机会了解到他们的精神追求，这就是文化。

（二）体育文化

体育文化与早期人们的生产生活有很大的关联，受到地区

和民族文化的影响，是人们对生产劳动的总结和升华，也是在和平时期人们对尚武精神的推崇，反映了人们对物质生活的满足，追求身体健康的精神。

（三）文化传承创新与高校体育文化

一个国家的综合实力在文化传承上有着重要的体现，只有综合实力强的国家，才不会被国外的文化侵蚀，才会将本国的文化进行传承。任何国家和民族的发展都离不开文化的熏陶，而文化也离不开社会和人民，人离开文化的熏陶就会丢失精神的追求，就会变成野蛮人。社会离开文化的熏陶，社会的风气就会变得焦躁，人们不知道生活的美好，渐渐地变得麻木愚昧。文化、人和社会是相辅相成的关系，只有携手共进才能让人民进步、社会进步，文化才能得到传承。高职院校是为社会培养人才的基地，因此不能没有文化的熏陶，高职院校教育作为社会发展的重要角色，在文化传承创新方面承担着重要的责任，是向学生传播文化的重要基地。高职院校的教育，如果对学生没有文化传承的教育，就不可能培养出品格高尚的大学生，不能培养出高素质技能型人才，对社会的发展就没有价值。所以在高职院校的教育中文化传承创新是重要的教学目标，高职院校需要在校园内为学生创造良好的文化氛围，在文化传承创新上要成为领头羊，只有这样才能增强我国文化复兴的建设，才能让我国的文化在全球多元化的影响中生生不息。

体育文化作为高职院校校园文化的一部分，主要是利用学生的体育活动，培养学生的体育精神，增强学生文化意识的教育。高职院校拥有良好的体育文化氛围，不仅可以培养学生的体育锻炼意识，还可以培养学生的社会责任意识，可以让学生对于参加社会活动变得更加积极，培养学生在社会工作中的交际能力，所以在新时期对于新的文化需求，高职院校体育文化要积极创新改革。高职院校体育文化反映了这个时代这个国家的特征，在教育中影响着学生的社会价值观，也影响着学生对于体育精神的认知和体育活动的行为。体育文化从其本质上讲，是体育活动中体现出来的精神价值，这种体育精神影响着学生的精神追求和行为作风，是人们在长期的体育活动中总结的意识形态，是人们超脱于体育活动的内心追求，是体育文化的灵魂。无论是哪种形式的体育运动，都不能没有体育精神。体育行为是人们为了满足对于体育活动需求进行的活动，体育行为有很多种，比如观赏比赛、购买体育用品的消费、组织有关体育的一些行为和活动，这就产生了体育行为文化。高职院校体育教学的重要性，是其可以影响学生的体育行为和体育活动习惯，从而对学生的体育精神产生影响。体育精神的培养，可以影响学生的人生观和价值观，因此高职院校要通过不断地进行文化传承和体育改革才能更好地培养学生的精神追求。

（四）当前体育教学存在矛盾分析

我国对高职院校的体育教学是比较重视的，在新中国成立的70多年里，根据不同时期的发展需求和历史特点，前后五次对高职院校体育教学的指导纲要等相关文件进行修改，每次修改都为高职院校的体育教学内容进行拓展和补充。新的时期，也要有新的内容，老旧的体育教学指导纲要，在当前实际的体育教学中有很多的问题，现在的学生沉溺于游戏、玩乐，身体素质逐渐下降，还不喜欢参加体育活动，缺乏体育锻炼。这种情况的发生与高职院校的体育教学有关，也与社会发展的环境有关，面对新的问题和环境，高职院校要积极寻找解决办法。

1. 课程目标理念与实施载体之间的缺失

根据教育部2002年颁布的《全国普通高等学校体育课程教学指导纲要》指示，全国高职院校体育教学要以"健康第一，终身体育"为指导思想,"运动参与,运动技能,身体健康,心理健康,社会适应"为教学目标。而在高职院校实际的体育教学中,无法正确运用体育课程对学生进行心理健康辅导和实现社会适应活动实践教学目标,在高职院校长期的体育教学中,习惯教授体育知识、体育活动技能知识,没有重视在体育教学中进行体育文化的培养,使体育教学缺失了文化的传承。

2. 课程目标理念与组织实施行为之间的缺失

体育课程目标理念的实现需要高校合理安排课程内容,系统建立课程结构,不断完善体育教学方法。当前高职院校的体育课程时间短,课程内容单一枯燥,学生多是学习体育课程的理论知识。而学校开设的课程只有乒乓球、排球、羽毛球,并不是所有的学生都对这些课程感兴趣,所以导致学生对体育课程的学习兴趣并不是很高。学生对体育课程的学习也只是为了获得学分,对体育运动的技术技能,只学到很浅的一部分,只要能够达到考核的要求,就不会再练习,也不会对体育文化进行深入学习。学生到体育课堂,只是为了签到保证满勤,综合考核成绩提高分数,这样的体育教学模式没有重视对学生进行体育意识和体育习惯的培养。而且高职院校的场地有限,为了全方位发展会开设其他的课程，建设相关课程的教学场地，从而使体育教学的场地减少，由于高职院校的资金短缺，在体育器材的购买力度上也会降低，不能满足当前体育教学对硬件的需求，使体育教学的改革受到很大的阻碍。

3.课程目标理念与器物配备之间存在缺失

现在很多高职院校的体育场地有限，体育器材也得不到补充，在实际的体育教学中无法实现课程目标理念，很多体育项目在高职院校都没有开设，如网球、标枪、射箭等。有些体育项目开设但是学校没有匹配专业的场地和器材，如乒乓球、排球，使学生对体育课程的兴趣没有较高的热情，因此体育教学的效果并不能让人满意。

（五）高职院校体育教学改革课程建设建议

1.体育课程目标的确立要具有多维价值性

文化传承视野下的高职体育课程教学目标的实现途径主要是体育理论知识学习与体育实践活动，培养学生的能力价值观、健康价值观、文化价值观和社会价值观。能力价值观是学生在高职院校体育课程中，对体育知识的掌握和体育锻炼的程度；

健康价值观是学生运用体育知识和体育锻炼使自身的身体素质得到提高,心理素质也能够健康;文化价值观是学生在体育活动中的体育文化学习;社会价值观是学生在体育课程学习过程中形成的思维和价值。因此高职院校体育课程目标的确立要具有多维价值性。

2. 多元化课程内容设置

课程内容的设置要根据课程目标而确定,从以往的经验中寻找方案原则,要理论与实践、传统与现代、民族与国际、兴趣与科学、生活与人文相结合。以此为原则,根据实际的教学情况,设计体育课程内容,如体育知识理论、体育项目、竞赛训练,这样既丰富了体育课程内容,也使中华文化得以传承。

3. 系统化的课程实施

在实践的过程中,要进行系统化的执行,合理地安排课程设置和课程结构,在实际的体育教学中要找到合适的教学手段,体育教师要因材施教,对不同学生能够有不同的教学方法。高职院校也要加强对体育教师的文化素质培养,在假期体育教师都有时间的阶段进行专业素质的培训,学校既可以对体育教学的硬件设施进行建设,也可对人文景观进行建设,为学生提供良好的文化氛围,在文化传承视野下,体育课程系统化的实施对体育教学有着很大的推动作用。

(六)文化传承视野下的高校体育教学模式创建研究

1. 高校体育教学改革与校园体育文化相结合

校园文化建设和体育文化建设作为高职院校体育教学改革中的精神动力,需要对其建设进行加强,在高校体育教学的改革中需要结合人文关怀,在改革中要坚持以人文为本的理念,对高职院校内体育物质文化建设要不断地完善,同时也要不断完善体育精神文化,学生在文化的熏陶下,会不断地提升自身的身体素质和心理素质,达到身体健康和心理健康的教学目标,这样可以促进校园体育文化的完善。在体育教学中融合中华文化,不仅可以促进学生心理健康,还可以让中华文化得到传承。

2. 高校体育教学改革与文化传承相结合

对于中华五千年的文化,需要不断的传承才能了解其中的奥妙,我国文化经过积累沉淀,已经拥有非常雄厚的根基,深入每个人的心里，生根发芽。因此要用深入人心的文化，在高职院校的体育教学中进行改革创新，使其成为体育教学改革的助力，中华文化也会在体育教学中得到传承和发展。

高职院校体育教学改革，主要以"怎样培养人才"和"培养何种人才"为基准，要想得到满意的答案只有通过文化传承创新。文化传承创新和高职院校体育教学改革的融合，不是一蹴而就的事情，需要对其进行探索研究，思考制订行之有效的计划才能让高职院校培养出国家当前需要的人才，在体育教学过程中还可以弘扬中华文化，对学生进行体育精神的培养。首先要培养学生对文化传承的意识，其次要培养学生对精神世界的追求，这样才能让学生主动学习并提高自身的文化素养，主动锻炼，增强自身的身体素质，在文化传承视野下努力充实自己，为我国高职院校体育教学改革作出贡献。文化传承是高职院校体育教学改革的理论基础，在体育教学改革中提倡的以人为本和各种健康体育教学理念都是从中华文化中提炼出来的，因此高职院校的体育教师，也需要不断地学习，扩充自身的理论知识，这样才能为学生提供更好的体育教学，让学生在掌握体育运动知识和技能的同时，也能够做到对中华文化的传承。

3. 高校体育教学改革与中华文化精神内涵相结合

在社会的发展中，高职院校体育教学的改革也更进一步，在体育教学改革之后，学生的心理素养和身体素质都得到很大的提升。因此改革后的体育教学也为中华文化的传承和发展提供了新的路径，中华文化在高职院校的体育教学中进一步得到传承和发扬，促进学生对文化的学习。这样的高职院校，可以更好地为我国当前的社会发展培养高品格的人才，可以让文化的传承得到更好的延续。在体育教学中发掘中华文化的精神内涵，高职院校在体育教学改革的过程中可能会成功，也可能会失败，但失败并不可怕，我们可以对失败总结经验，在下一次的改革实践中，就可以更好地避开失败，离成功更进一步。从中华文化中可以看到很多改革的失败，也有很多实验的失败，但是先辈们一直在坚持，从不气馁，这对于高校的体育教学有大的意义。现在的大学生是中国发展的基石，是中华文化传承的中坚力量，体育教学改革是必要的，可以促进学生精神世界的提升，让学生感受到中华文化的魅力，使中华文化在高职院校的体育教学中得到传承。

高等职业院校在体育教学推动文化传承的实践中，要强化校园内的文化氛围，让学生时刻都在文化的熏陶之中。高职院校在体育教学改革中应大胆创新，将体育教学与文化进行有机的融合，拓展体育文化的精神内涵，让学生在体育课程学习中，使自己的身心素养得到提高的同时，对社会的了解也要更加深刻，在学习的过程中认识自我，最重要的是对文化的传承。

第三节　新型体育教学模式的构建和运用

一、高校体育互动教学模式的构建

"为了每一位大学生的发展""以人为本"是新课程发展的核心理念。在高校体育课堂教学中，教师的首要任务是要营造一个接纳的、支持性的、宽容的教学氛围，创设能引导大学生主动参与的教育环境，让他们在平等、尊重、信任、理解和宽容中受到鼓舞和激励，使他们的个性得到解放与张扬，情感得到丰富与发展，思想得以交流与提升。为此，在日常工作中，营造出开放互动的高校体育教学氛围，具有非常重要的现实意义。

（一）转变高校体育教学观念

（1）由单纯生物目标向全面发展目标观念转变。人的全面发展是指身体、智力、品德、审美和技能（特别是运动技能）的形成和发展。在传统观念里，高校体育教学的目标被看作是学生通过身体练习掌握运动技术，提高身体素质，即只是从促进人的机体各组织系统的发育及机能的增长的单纯生物方面的发展，而忽视了其他方面的发展。因此，在高校体育教学中应充分体现体育教学的教育性，根据教学内容的特点，通过教与学的双边活动，对学生进行激发、诱导和感染，运用现代的教学思想和教学形式、方法，培养学生意志品质、个性等，通过优美的示范及音像教学片的欣赏，使学生对内在的美有深刻的体会，在知、情、意、美、行上全面发展，达到教学目的和目标。

（2）教学形式多样化，由讲授转为引导。学生是学习的主体，能否调动学生学习的积极性是教学成功与失败的关键。因此，在学校体育教学形式上教师应打破过去那种注入式、照本宣科的讲授形式。教学形式要多样化，对学生要善于引导，给他们自己锻炼的机会，通过"导学""导练""导规"等方法引导学生的体育学习方向，改变教学中"我要学生练"的教师强制和"教师要我练"的学生为客体的被动倾向，形成学生"我要练"的主动体育。

无论是掌握知识还是发展智能，除了需要外因——教师的有效指导，更要通过内因——学生的积极思维才能实现。教学中教师的引导作用不仅要体现在教学活动中，更应体现在调动学生学习的积极性和培养学生思维能力上，要给学生提供更多的时间来思考和练习。传统的教学以课堂为中心，教材、进度、方法同一模式，把教学活动拘泥于狭小的天地里，学用脱节，不利于培养学生的主动性、创造性。因此，要扩大教学领域，积极开展第二课堂建设，使之成为教学内容的一部分，利用第二课堂组织各种形式的锻炼小组，开展各种课外竞赛活动，并逐步与社会接轨。

（二）和谐的氛围是互动教学的基石

和谐的气氛并不意味着不要上课的严肃性，而是建立在有组织性、纪律性的课堂基础之上的，能否更好地完成教学任务取决于和谐的氛围。因此，努力创造一个和谐的课堂氛围，使学生更好地感觉每节体育课都很舒服。良好的师生关系需要建立在和谐的前提下，营造一个良好的课堂气氛。教育心理学研究表明："不断发生着微妙的情感交流的教师和学生之间，学生的情绪是伴随着整个教育的各个阶段。"[1] 教师在教学过程中的言谈举止将直接影响课堂气氛的和谐程度。哪怕一个新的动作或练习动作失败的学生，老师必须用温柔的眼神，鼓励的言语，

---

[1] 刘涧,郑蓓蓓.现代高校体育教学改革实践与路径探索研究[M].北京:北京工业大学出版社，2020.

鼓励他们、帮助他们，让他们找到自己的优点，帮助他们树立自信心，提高学生的满意度，以提高其教育计划，增强学生学习的信心。

（三）构建民主、平等、和谐的师生关系

在教学中，教师和学生是构成课堂环境的重要因素，是构成课堂活动的主体。教学活动中的人际关系主要有两种：一种是师生关系，另一种是生生关系。教学过程就是一个人际交往活动的互动过程，在师生展开交往的过程中，交往的双方都是具有独立道德的自由主体。学生是主体，是教学活动的参与者，与教师配合进行教学活动的参与者，学生是平等的一方。而教师在教学中不仅是"所有课堂参与者之间以及这些参与者与教学内容之间各种活动的促进者"[①]，他还是教学过程的组织者、引导者、参与者、评价者、服务者。因此，师生双方是在道德平等的基础上合作，共同以主人的身份来完成教学。这样就把大学生群体真正纳入了一种民主、平等、理解、双向的师生关系中。在这种关系中，大学生可以积极地参与教学活动，也在教师的尊重、信任中全面发展自我、获得成就与价值的体验，

---

① 刘涧,郑蓓蓓.现代高校体育教学改革实践与路径探索研究[M].北京:北京工业大学出版社，2020.

并感受道德的自主和尊严,感受到心灵成长的愉悦。因此,在教学交往中,体育教师要积极地创设这种民主平等的师生交往和生生交往情境,使大学生更多地体验到平等、自由、民主、尊重、信任、友善、宽容、理解、亲情和友爱,同时受到鼓舞、感动、激励、鞭策,得到指导和建议,从而形成健康、积极、丰富、向上的情感体验、人生态度和价值观。

(四)实现大学生的主体地位

创新能使人快乐,求美能使人愉悦。体育教师要特别重视培养大学生自己科学设计组织练习的能力,在课堂教学中要给大学生一个自由选择的余地,鼓励他们利用已有的体育知识去解决实际的问题,鼓励他们大胆探索,勇于实践。随着大学生知识、技能和身体素质的不断增长,他们独立学习的能力,分析问题、解决问题的能力较之以往有很大的提高。因此,在新课改精神指导下,要实现大学生的主体地位。让大学生参考教材或用教师提供的练习方法进行练习,也可以自己设计练习形式和方法,充分发挥他们的主观能动性,诱导和启发大学生积极参与教学活动,体现以学生为主体,教师为指导的教学思想,这样不仅可以满足大学生渴望自由运动的要求,而且可以充分发挥他们的想象力和创新能力,在这种诱发力的推动下就会形成"情景—教师—学生"多项折射的和谐气氛,使他们乐学、愿学、会学,达到自我实现的目的。

(五)在分层教学中要开展形式多样的体育教学

在制定了不同的体育教学目标和可供选择的体育教学内容以后,必须采用合理的教学方法才能把教学内容传递给学生。不同的教学方法的选择,主要依据学生个性差异,不同的学生拥有不同的个性,因此也拥有不同的世界观和人生观。因此同一种教学方法并不一定能适用所有学生。在体育教学中应该综合运用多种教学方法和手段,对有的学生可能动作示范要多一些,而对另一些学生讲解要多些。只有根据不同学生的差异,采取不同的教学方法才能达到事半功倍的效果。这对体育目标的实现,对学生体育知识的提高都是很重要的。而且,只有这样才能让学生不害怕上体育课,才能让学生对体育课产生兴趣。实际上,不同教学方法的选择,也是对学生主体性的肯定,只有尊重学生的差异,正视学生的差异,并且对学生的差异采取行之有效的教学方法才能够使学生的个性得到发展,这同样也是教育公平的要求,对学生形成终身体育观念也是有重要作用的。

（六）在体育课堂教学中教师还应注意几方面的问题

（1）确保学生的时间和空间。在教学过程中，我们经常会遇到教师或学生提出的问题，如果为赶时间急着让几个突出生回答，就会剥夺大部分学生思考的时间，使他们参与教学活动的积极性、主动性受挫。在教学中，应给予大部分学生足够的思考、合作时间，重视生生互动，只有保证合作的时间，学生才有机会进行互相切磋、共同提高，学生的主体性才能得到体现，学生才会产生求知欲望，把学习当作乐趣，最终进入学会、会学和乐学的境界。只有保证合作的时间和空间，才能保证合作的质量，真正体现合作学习的作用。

（2）必须重视教师的指导互动教学，要求学生摆脱对教师的依赖，独立开展学习活动，自行解决现有发展遇到的问题。但它不能离开教师的指导，不能一谈互动学习，就忽视教师的指导作用。要对学生进行学习目的性的超前教育，学习兴趣、学习目标的超前诱导，学习习惯的超前培养。教师的指导要有针对性，必须根据学生学习中提出和存在的问题进行教学。要以学导教，确定导学导练的重点，把学生提出的有价值的，体现教材重点、难点的问题，加以梳理，形成几个重点问题，引导学生在学、思、议的过程中逐一加以解决。教学中，既充分发挥学生的主体作用，大胆放手让学生自主学习，又重视了教师的指导，学生才会爱学、乐学、会学，真正学会学习。

（3）提供自主学习的环境。教师在体育课中要适时地、有计划地安排一定的自主学习的时间，要给学生留有选择的权利和尽可能多的选择余地，允许学生自由练习与思考，允许学生标新立异。切忌用集体的目标和方法取代学生个体对目标和方法的选择，应倡导每个学生从自己的实际出发，依据集体的目标来确定其个体目标和选择方法。如"踏石过河"游戏，教师只需规定条件：三块石头；提出要求：安全快速过河。至于采用何种方法、哪种方式，由学生自己去决定。要允许学生自由选择学习伙伴，学生自己找的伙伴，大家之间志趣相投，关系密切，能互相容忍，可以促进学生自发、自主的学习。

无论何种教学方法都要以提高教学质量，增强学生体质，更好地促进学生的身心健康为主要发展方向。互动教学是一种更注重学生心理环境、更民主、更自由平等的教学方法，它对教师的教育理念、素质、教学水平均提出了更高、更严格的要求，不是一种简单的提问与回答，而是通过多种互动方式从本质上激活学生思路，讲究技术与艺术的一种教学理念。

二、合作学习模式在高校体育舞蹈教学中的运用

高校教育越来越注重学生综合素质的发展，提高学生身体素质成为很多高校重点改革的目标。高校体育课程作为提高学生身体素质的重要途径之一，必须引起重视，很多学生对体育教育的现有课程不感兴趣，而体育舞蹈的加入大大激发了学生学习的积极性，传统的教学模式也已经不能适应当前时代的发展，因此合作学习模式应运而生。

（一）合作学习模式在体育舞蹈教学中的应用

体育舞蹈也称国际标准舞，是一项体育运动，也是一项新型的高校体育教学内容。在体育舞蹈的教学过程中应用合作学习模式具有重要意义。合作学习主要是指通过合作，互相帮助、共同提高等方式进行学习，比传统的教学方式更加具有趣味性，在体育舞蹈教学的应用中可以获得更难忘的学习体验。第一，体育舞蹈常常需要很多学生合作完成，这就考验了每个人的熟练程度和默契合作程度。第二，在训练和学习中大家相互交流

指导，共同探讨琢磨，这不仅提高了同学之间的团队合作能力，更是为今后他们步入社会打下了一定的基础。

体育教学运用合作学习模式，将学生分成若干小组，每个学生都要保证参与度，让学生自主认识到自己的重要性，即让学生认识到自己是团体的一分子，自己的每个表现都会影响到其他小组成员的成绩。每个学生都要意识到自己的责任，主动对团队负责，对于老师教授的每一个体育舞蹈动作都抱着谨慎的态度认真学习，每个动作都保证它的完成质量。每一位成员认真履行自己的学习任务，还要共同学习必要的理论知识，通过合作交流，互相探讨来提高自己的学习质量。在合作学习的过程中每个同学必须树立合作意识，在一个团体中，每个同学都要互帮互助，在学习中遇到困难时也可以向小组其他成员请求帮助，请求他人给予指导。小组成员之间要相互指点，互提意见，共同进步，每个成员都要秉持"三人行必有我师"的态度，善于向他人学习，找到正确的学习方法，达到体育舞蹈的美和协调等要求。通过合作式学习，每个小组成员之间可以取长补短，快速找到自己在学习过程中的问题所在，并且让问题得到及时纠正，为今后更深入地学习体育舞蹈做准备。

(二)合作学习模式在体育舞蹈教学过程中遇到的问题

1. 学生缺少合作意识

学生步入大学校园后追求个性发展,缺少合作学习的意识与积极性,将学生分配到各自的小组后,真正参与小组活动的学生很少,绝大多数的学生在完成教师布置的学习任务时倾向于自主学习。除非一些必须由小组合作的舞蹈动作需要完成时才会选择合作,并且在整个学习的过程中交流互动很少,在体育舞蹈的学习过程中小组存在的意义不大,自然教学成果也就不甚理想。例如,华尔兹舞蹈的学习,需要两个人一组,每组一男一女,男女舞步不同,需要男女配合完成,男生女生之间也要通过交流合作提高默契,除了掌握必要的理论知识,还要找到正确的学习方法,正确掌握每个舞蹈动作的要领。可现实的情况却是,学生往往是局限于两个人之间的交流探讨,很少是每个成员都参与进来的全组讨论,这大大影响了同学们的学习效果。

2. 合作教学模式本身存在的不足

教师将学生分组后往往要求小组合作共同完成学习任务,分组没有依据,常以简单容易执行为原则,最多只是依据平时对学生学习程度的大致了解，尽量做到将不同程度的、可以相互学习借鉴或者关系较好的几个同学分配到一组，但是在现实的操作过程中，男女两两一组都很难做到，因为不同院系专业男女比例不同。在教学实践中，工科、理科类专业女生紧缺，语言类专业中女生多但男生又很少，这就给实践中男女分组带来了很大的难度，很容易产生男生补全女生的位置或者女生补全男生位置的情况。

（三）改进合作学习模式实际应用的措施

1. 形成合理的合作模式

小组的构建要合理。一般的课堂分组人数要适当，不宜过多或过少，4~6人较为合适，合理的人数设置可以使得每个成员都有表达的机会，意见分歧也不会过多。而体育舞蹈的分组一般是两个人，两人一组保障了排练能够有效进行而不用顾虑太多人的空闲时间。另外，分组的方式也要合理。个人意愿作为最重要的考虑条件之一，其他条件作为调整的考虑因素，老师教学和验收成果时最好以小组为单位，而且最好保证不同小组有着相似的水平，这样有利于组内学习和组外的相互借鉴。同时，合作模式的构建必须注意它的可实现性。在教学过程中，教授要认真耐心,给学生留下的练习时间也要足够,制定详细的评价标准和最终目标,并且保证定期指导和抽查。

2.改变学生的观念意识

通过宣传教育从意识上改变学生对传统观念的认知,提高课堂效率,注重方法的传授。体育舞蹈的难度相对于普通体育项目难度较大,首先要求学生掌握必要的理论知识,其次要求学生的身体协调能力,最终达到提高学生综合能力的目的。学习过程要求他人配合,最好有小组之间的交流讨论,仅仅靠课堂的时长,学生不可能完美掌握体育舞蹈的技巧,所以小组的配合学习将发挥很大作用,以实现最好的教学成果。首先需要让学生认识到小组合作学习的重要性,并积极参与小组学习,引导学生看到小组合作的优越性。其次如何合作学习需要教师的指导,学生之间相互熟络需要一定的时间,不敢交流不会交流容易影响学习质量。教师作为媒介要让学生尽快互相认识,分组后能够讨论合作,引导学生认识到小组之间并非竞争关系,而是相互学习借鉴的伙伴关系。

体育舞蹈具有美感和趣味性,在提高学生身体素质的同时也使学生获得身心的愉悦,更能舒缓学生情绪,适当减轻学生压力。在合作学习这一模式的实践中，在应用新模式的同时，也要配合传统教学模式，注重基本功教学。

三、分层施教模式在高校体育教学中的运用

为了更好地贯彻素质教育的发展要求，保障每个学生的综合全面的发展，在高校的体育教学中有必要采用分层教学法，因材施教，提升学生的身体素质，发挥学生的主体作用。

（一）分层教学的概念

学生的智力水平、理解水平、接受程度、心理素质等存在着差异，如果采用"一刀切"的教学模式，那么就会使素质水平高的学生得不到更好的提高和发展，素质水平较低的学生也不能有效地掌握所学的知识。分层教学法是针对学生的差异水平，对学生进行分组，教师根据每组学生的具体情况，有针对性地实施教学，从而达到不同层次教学目标的一种教学方法。分层教学法分为以下4个环节：（1）学生编组。学生编组是实施分层教学的基础，根据学生的基础水平、接受程度、心理素质等，将学生进行编组，一组是按大纲的基础内容进行教学，一组是按略高于大纲的基本要求进行教学，一组是按较高的要

求进行教学。当然，分组要根据学生的学习程度、理解程度等随时进行调整与变化。（2）分层备课。分层备课是实施分层教学的前提。教师要对教材的大纲与内容进行深入的学习与研究，并归纳哪些是需要掌握的基本内容、哪些是略高于大纲基本要求的、哪些是较高的学习要求和内容，从而更有针对性地进行教学。教师要根据学生层次的划分把握好授课的起点，处理好知识的衔接过程，减少教学的坡度，让所有学生都能学习、都会学习。（3）分层授课。分层授课是实施分层教学的中心环节。教师要以学生为主体，根据学生层次的划分把握好教学内容，保证分层教学目标的实现。（4）分类指导。分类指导是实施分层教学的关键。教师在教学过程中要因材施教，根据每个层次学生不同的素质水平采取不同的指导方法，促进学生进步，使学生由低层次向高层次转化，从而达到整体优化的目标。

（二）分层施教模式应用于高校体育教学中的意义

1.有利于学生个人素质的发展

高校体育教学中，教师采用的是传统的"一言堂"的教学模式，所有学生的教学目标相同，素质较高的学生轻松地完成了教学内容，剩余时间或休息或自己进行更高要求的训练，由于没有教师科学合理的指导，学生提高较慢；而素质较低的学生，接受过程较慢，训练起来较为困难，在短时间内也很难完成教学目标。分层施教，根据学生的层次不同，采取不同的教学目标与教学任务，有针对性地对学生进行指导，素质较高的学生得到更大的提升，素质较低的学生也能够完成教学内容与要求，实现学生的个体差异化发展，促进学生身体素质的提升，推进高校体育教学的改革与进步。

2. 有利于提升教师的专业素质水平

高校传统的体育教学中，每节课教师采用的都是一种教学方法、一样的教学目标，教师的专业素质水平也得不到提升。分层施教模式要求教师根据学生层次水平，采取不同的教学目标、教学内容及教学方法，这就要求教师要深挖教材，并根据教学目标的不同，灵活地安排不同层次的教学策略。这给教师的教学任务带来了新的挑战和压力，极大地锻炼了教师的组织调控和随机应变能力，增强了教师的专业素养，提升了教师的专业素质水平，促进了教师个人能力的进一步提升。

3. 有利于学生积极性的调动

高校传统的体育教学中，教师对体育教学内容"一对多"进行讲解，学生进行练习提升。传统的体育教学模式单调、枯燥。素质较高的学生很快掌握了所学内容，剩下的时间或休息或进行其他的体育项目，素质低的学生由于难以掌握所学内容，缺乏合理的指导，自信心受挫，逐渐对体育运动失去了兴趣。这很不利于学生身体素质的提升，也不利于学生培养终身体育的理念。分层施教模式根据学生水平的不同进行分组教学，学生得到了有针对性的指导，较快地掌握了所学内容，增强了学生的自信心，调动了学生的积极性，学生能主动地参与体育运动，提升了学生的身体素质，促进了学生的全面发展。

4. 充分发挥了学生的主体作用

传统的体育教学中，以教师为主导，学生按照教师的要求对体育项目进行练习，师生之间、学生之间沟通较少，学生只是一味地进行体育项目的练习，很少发挥自己的主观能动性。而在分层教学模式下，教师要根据学生的分组情况采取不同的教学目标及教学内容，教师也可与学生进行沟通，让学生参与教学内容的制定，学生根据自己的实际情况，采取相应的目标及内容,培养学生独立思考的能力和探索问题的创造精神,充分发挥学生的主体作用,调动学生的积极性,培养学生终身体育的意识,促进学生综合素质的发展。

5. 有利于建立良好的师生关系

高校传统体育教学中,学生只是被动地按照教师的要求进行练习,师生之间沟通较少,学生对教师也是敬而远之。在分层施教模式下教师要鼓励学生根据自身的实际情况,探索适合自己的锻炼内容与目标,学生与教师之间正面交流增多,有利于建立良好的师生关系,创造和谐的课堂气氛,从而更好地提升学生的身体素质,促进高校体育教学事业的改革与发展。

(三)分层施教模式在高校体育教学中的运用

1. 充分了解学生的体育水平,进行合理分层

高校在实施分层教学过程中,教师要对每名学生的资料进行研究分析,了解学生的个人身体素质、体育素质、兴趣爱好、性格特征等,与学生进行面谈沟通,并通过体育素质摸底考查等,充分了解每个学生的身体素质水平,结合学生的实际情况进行科学合理的分组。教师可根据学生的个体差异,将学生分为3组,一组为体育素质水平较高的学生,一组为体育素质水平中等的

学生，一组为体育素质水平较差的学生，并根据每组学生的个体差异，制定与之相适应的教学目标、教学内容等。

2. 制定科学的分层目标、分层内容及分层作业

实施分层教学模式后，高校要摒弃传统的"一刀切"的教学模式，根据每组学生的实际情况，制定科学合理的教学目标、教学内容及作业等。对于体育素质水平较高的学生，要制定更高的教学目标，除完成基本的教学内容之外，还可以拓展其他技能，使其得到优化，布置作业时主要以所学技术的实践应用为主；对于体育素质水平中等的学生，以更好地掌握教学内容为目标，布置作业时以熟练掌握所学技能为主；对于体育素质水平较差的学生，以掌握基本的教学内容为目标，布置作业也以掌握所学技能为主，同时也要鼓励低层次的学生，熟练掌握所学技能，并向更高层次努力。这样既实现了差异化教学，也增强了学生的自信心，提升了学生的身体素质，促进了学生综合全面的发展。

3. 实施评价分层，建立以促进全面发展的综合评价目标

分层施教模式由于教学目标及教学内容的分层，学生评价也应当实施分层。评价结果可根据学生的考勤情况、体育技能

的提升情况、参加锻炼情况等得出。不同层次的学生教学目标及内容不同，对学生评价应注重学生不同程度的进步与学生不同的体育素质的提高，教师应当重点关注学生的努力，满足学生的心理需要，增强学生的自信心，进行科学合理的评价，以促进学生全面发展为评价目标，调动学生的积极性，培养学生的体育热情。

4. 高校实施分层教学时，应采用多样化的教学模式

高校在实施分层教学时，应充分发挥学生的主体作用，让学生参与教学目标及教学内容的制定，培养学生独立思考的能力及探索问题的创新精神，学生结合自己的实际情况，制定与之相适应的教学内容，发挥学生的主观能动性，调动学生锻炼学习的积极性，增强学生的体育兴趣。采用多样化的教学模式，能够激发学生参与体育运动的动机，有利于分层施教的正常开展，提升学生的身体素质，促进学生的全面发展，也有利于实现素质教育的目标。

5. 分层施教时，要及时调整分层的教育状态

高校体育教学在实施分层施教时，学生的体育素质水平得到了不同程度的提高。学生存在着个体的差异，有的学生提高

较快，有的学生提高较慢，这就导致了同一组的学生出现了体育素质水平差距较大的现象。教师要勤于观察、善于发现，并对分层情况及时进行调整，以便更好地促进学生的发展，充分发挥学生的潜能，使学生得到更好的优化，从而培养学生的体育兴趣，提高学生的身体素质水平，促进学生全面综合的发展。

6. 分层施教时，要加强学生的心理疏导

分层施教是根据学生的层次水平的不同进行分组，这并不等同于传统的优良差生的区分，只是换种方式使自己得到更好的提升与进步，形式上不存在优劣之分。但受传统观念的影响，低层次的学生易产生自卑心理，认为自己不如别人，从而失去体育锻炼的热情。因此，教师要加强对学生的心理疏导，强调学生的进步是评价的标准，增强学生的自信心，调动学生的积极性，让学生快乐地参与体育锻炼。

分层施教是实现我国素质教育目标的重要手段。高校体育教学实施分层教学法有利于学生个人素质的发展、提升教师的专业素质水平、调动学生的积极性、发挥学生的主体作用、建立良好的师生关系等。因此，高校的体育教学应普及发展分层

教学法。应充分了解学生的体育水平，进行合理的分层；制定科学的分层目标、分层内容及分层作业；实施评价分层，建立以促进全面发展的综合评价目标；采用多样化的教学模式；及时调整分层的教育状态；加强学生的心理疏导，从而能够更好地促进学生的综合全面发展，推动我国体育教学事业的改革与进步。

四、高校体育教学中"协同教学"模式的运用

在传统的教学中，教师只能按照大多数学生的看法和特点进行整体教学，对于班级中的一些体质较差的学生，教师很多时候不能全面地顾及，这样的教学方式就会导致学生的成绩参差不齐。通过新型教学的模式引进，让学生认识到自身的不足，看到他人身上的闪光点，实行相互学习、取长补短的学习方式，全方面加强学生的学习效果，进而可以更好地提高高校学生的学习成绩和学习效果，进一步加强学生的身体素质。

（一）协同教学的含义和特点

1. 协同教学的内在含义

协同教学，顾名思义就是指由两个或两个以上的教师及教

学辅助人员以一种专业关系,组成教学团队,彼此分工合作,共同策划和执行某一单元、某一领域或主体教学活动的一种教学形式。利用这种新型的教学方式,可以最大限度地解决体育课堂中学生体育成绩参差不齐的问题,让学生与学生、学生与教师之间进行合作式学习,进而发挥"协同教学"在体育课堂中的重要作用。

2. 协同教学在体育教学中的运用特点

在传统的教学课堂中,很多教师都使用传统的教学方式来教育学生。很多时候,大都进行整体的体育教学。这样的教学方式便会导致班级中一些体能较差的学生体育成绩不理想,一定程度上降低了学生对体育教学的学习兴趣。在现阶段的高校体育教学中,教师大力引进"协同教学"的方式来教育学生,让学生与教师之间可以进行良好的互动。而教师在教学的过程中也要深入了解每位学生的体育状况和身体素质,进而根据学生的特点进行因材施教。协同教学重要的方式就是打破了传统中单调的教学方法,利用教师和学生的体育特点进行合理的小组"协作教学",进而充分发挥高校学生的团队精神。

（二）高校体育教学中"协同教学"模式的运用

1. 教学团队的组建

"协同教学"的主要方式在于教学团队的组建，在实行这个教学的过程中团队的组建就是教学的重要部分。在现阶段的高效性体育教学中大力引进"协同教学"的教学模式，可以在一定程度上改变现阶段课堂中存在的问题。在教学的过程中教师主要培养学生自主学习的方式，让学生在自主学习的过程中充分发挥自己的思维方式，因此教师在教学的过程中要建立一个良好的教学团队。教师在建立团队的过程中要将体育兴趣爱好相同的学生分配到一个团队中进行自主学习。例如，教师在组建团队的过程中，可以将喜欢打篮球的男生分配到一个篮球队中，根据男生们的兴趣爱好和体育能力来进行合理的分组，然后教师便可以将女生组建成一个啦啦队，为比赛加油打气。这样的教学方式可以在一定程度上顾全大多数学生。教师在分配成员的时候不能只考虑学生的兴趣，成员的优势和劣势互补也是教师应该重视的一点。

2. 共同制订计划并协作实施

在制订计划的过程中，不仅需要教师与学生之间的相互合作，而且还需要几位体育教师的共同参与。从教师到学生每个成员都可以发表自己的观点，主要探讨的观点在于：学生的需求评估、学生的目标设计和教学方法设计等几个方面，对于团队成员中每个角色、每个任务，教师都要进行一系列的探讨，找出合适的方式进行整体设计教学内容。无论是教学内容，还是教学方式，都由教师和学生一同进行创新，共同开展，在做出计划之后，教师和学生便要进行计划的实施。

3. 持续的沟通和反馈

在进行教学的过程中，教师与学生要根据"协同教学"的方式进行不断的实践、不断的沟通，确保每个成员都可以慢慢地接受这种新型的教学方式。在进行教学中一旦出现问题，教师便要对教学方式及时做出修整，妥善地处理好教师与学生之间的关系，进而引导教师做出正确的教学决策，在进行"协同教学"中，学生和教师都要对教学效果进行及时的反馈。

综上所述，随着教学方式的不断改革，传统的体育教学方式已经无法满足当代高校学生的学习需要。因此，在现阶段的高校体育教学中，教师要把握好教学的方法，在体育课堂中大力引进新型的"协同教学"方式。教师在教学的过程，要让学生走出教室、走进操场进行一系列的体育运动。

五、"互联网+"视域下混合学习模式在高校体育教学中的运用

通过调查了解到,现阶段混合学习模式尽管在高校体育教学中逐步实施,但在实践过程中,还存在诸多问题。需要教师在今后的工作实践中,不断探索混合式学习模式的运用方法。教师应与体育教学内容相结合,合理分析和研究学生自身的特点和学习水平,开展有针对性的教学。通过现代化教学技术的积极运用,进一步提高学生的体育水平,对学生未来的发展,发挥积极的推动作用。

(一)高校体育教学中的"互联网+"影响

1. 从封闭走向开放:对体育教学生态的冲击

传统的教学活动是在学校这个封闭的空间开展的,在学校这个实体之上开展的对教育的认知。"互联网+"将传统学校教育模式打破,并由此催生了可汗学院、慕课等新兴的网络课程,为广大师生提供更加优质的教育服务。"互联网+"下的教育是一种开放式教学,既融合了现实与虚拟,又沟通了线上与线下。因为改变了教育形态,所以改变了教学生态。体育教学在互联网的支持下,打破了"在场有效性"的壁垒。学生们通过网络,

能对体育经验进行分享,对体育技能进行学习,体育教学活动开始实现了"课内外一体化"。而不断变化的教学环境,对教学生态系统中的其他要素产生了不同程度的影响,由此使学生具有更加多元化地获取知识的渠道,同时也有着更加丰富的学习内容,师生的交流方式从面对面变为线上交互并存。

2. 从单一走向多元:对体育学习方式的冲击

传统模式下,课堂为主要的学习地点,学生模仿教师的过程,也是体育教学的过程。而"互联网+"打破了这种限制,因为拥有便捷和丰富的网络资源,学生获取知识的渠道,不再是教师传授。学生的体育学习可以不受时空的限制,既可以在课堂上,还可以在网络上,随时随地地展开学习,由此使学生的学习行为、学习方式发生变化。随着迅猛发展的泛在计算技术和移动计算技术,还有一批新型的创新学习方式衍生出来。尤其是全面覆盖的无线网络和广泛普及的以手机为代表的移动终端设备,能帮助大学生快速获取知识。

3. 从灌输走向互动:对体育教学方式的冲击

在传统的体育教学中,教师拥有绝对的权威,是知识的主要传递者。而学生作为客体,只能被动地接受知识,教学采用灌输式。互联网时代的到来,开始向社会公众开放海量的信息资源。教师不再是知识唯一的拥有者,互联网将教师的知识垄断打破。"教"不再是"学"唯一的渠道,学生由知识的被动接受者向主动建构者转变。教学重心由"重教"向"重学"转变,并且由教师灌输向师生互动转变,由此建构了一种新的教学模式。

(二)"互联网+"背景下高校体育教学应用混合学习模式的意义

1. 增强学生的体质,促进学生个性化发展

混合学习模式是指通过融合网络与实际教学,将正确的运动观念向学生灌输,在增强学生身体素质的同时,还能使学生具备良好的道德素质和心理素质,最终提升自身的综合素质,学生可与自身的兴趣与爱好相结合,通过应用混合式教学模式,对体育知识有选择地学习,促进学生个性化发展。

2. 推动体育教学的深入开展

混合学习模式主要是有机地融合"线上"教学模式与"线下"教学模式。新形势下,高校的教育目标就是立德树人。为此实施混合学习模式,通过结合线上与线下、理论与实践,学生的

自主学习和课堂教学对体育教学机制不断完善,由此对深入开展体育教学,发挥了积极的推动作用。

(三)"互联网+"背景下高校体育教学应用混合学习模式存在的问题

1. 重视程度不够

尽管目前大部分高校都对混合学习模式进行了运用,但却没有得到管理人员的高度重视。在资源、人力和物力方面,不愿投入太多,所以造成了混合式教学模式物质基础的匮乏。

2. 缺乏健全的应用机制

为了更好地运用混合学习模式,必须对现有的应用机制进行改善。现阶段一些高校混合学习模式的机制尚未建立起来,使之具有较差的应用效果。究其原因,一些教师并没有掌握混合式教学的运用方法,不能有效落实混合式教学模式,使之更多停留在书面上。

3. 缺乏完善的融合体系

为了提高高校体育教学质量,就必须将"线上"与"线下"教育的协同作用充分发挥出来。而纵观现阶段高校的应用现状,教师在教学过程中,未能紧密联系线上与线下教学。在实施线上教学时，也没有对多媒体设备充分运用。同时也未能详细讲解部分重点问题，白白浪费了学校所投入的资源。另外，尽管有一些教师也在应用网络教学，但却未能进行及时的评价和正确的指导，没有及时收集学生的反馈信息，使教育部门不能及时完善教学体系。

（四）"互联网+"背景下高校体育教学有效应用混合学习模式的策略

1. 创新混合学习理念

行动的先导，就是理念。新形势下，人们越来越重视"互联网+教育"模式，高校体育教学步入了新的发展阶段，而如何创新和改革混合式教学模式，是目前亟待解决的重要课题。需要高校在开展体育教学的过程中，在教学体系中纳入混合式教学模式。因为混合式学习模式的系统性极强，所以在具体的实施过程中，需要不断创新混合式学习理念，将其作为重要的战备性举措，助推高校体育教学改革的发展。为此，学校要加大投入力度，完善相关硬件和软件设施建设。同时，为了更好地应用和推广混合式教学模式，积极引导教师加强研究和学习。通过混合式教学模式的运用，促进学生的全面发展。同时，高校体育教学中还应打造一支高素质的教学队伍，能对混合式学习平台熟练掌握和运用。在体育教学中，帮助学生运用移动终端，对相关知识进行学习。

2. 打造混合学习平台

对"互联网+"平台的有效运用，是开展混合教学模式的前提和基础，由此才能使混合式教学取得良好的成效。首先，在具体的应用过程中，高校可对相应的与"互联网+"相关的"线上"学习平台、App平台、网络平台进行构建，使之更加系统和完善。其次，还要对混合学习平台的创新性建设高度重视，深入调查和分析学生的学习需求，与学生的实际情况相结合，紧密结合混合式学习模式，不断创新教学方法。作为一种新兴的教学模式，在教学过程中，运用混合式教学，围绕教学内容，在短时间内，通过信息化技术手段的运用，组织和开展一系列教学活动。教师还可利用信息化这个载体，围绕教学中的某个知识点或某个环节，在实际教学过程中，创建情景化的教学模式，最终促进教学目标的实现。同时，教师在教学过程中，还可运用慕课的教学方式，为学生的学习提供便利，以不断提高学生的体育水平。

3.完善混合学习体系

首先，确保混合学习取得良好的效果的重要保障，就是对混合学习体系的健全和完善。在实施高校体育教学混合学习模式的过程中，需要对混合学习体系建设高度重视，使之向着持续化和规范化的轨道发展。为此，需要将"线上"与"线下"的关系处理好，高度融合互联网与传统的课堂教学。对于"线上"学习而言，需要对理论教学高度重视，将混合学习的多元化支撑功能充分发挥出来。其次，高校要加大力度，切实研究混合学习模式，并且要构建相应的教学制度，能有效延伸和拓展已经取得良好成效的混合式教学模式。最后，教师在运用的过程中，也要不断创新自身的教学体系。例如，通过有效融合混合式学习模式与微课教学、多媒体教学，形成更具有针对性的教学体系。教师还可以通过录制微课视频，汇集一些重点和难点问题，学生通过线上方式自主学习，能使学习效果达到最佳。

近年来，混合式教学模式的运用越来越广泛，但同时也暴露出很多需要解决的问题。为此，需要高校持之以恒地探索和实践，营造良好的环境，为混合式教学的实施提供保障。同时，教师还应不断加强自身的学习，对教学战略深入研究，转变传统的教育理念，提升对混合式教学模式的重视程度。不断完善和创新混合式教学模式，实现与现代化高校体育教学的无缝对接，由此为"互联网+教育"高校体育教育事业的发展奠定牢固的基础。

六、多元化教学模式在高校体育篮球教学中的运用

篮球作为大众所热爱的基础性体育运动之一，能够提升人的身体素质，使人的心理更加健康。在素质教育背景下，高校不仅对学生的学习状况进行关注，对学生的身体素质和心理素质以及其他各方面的能力也越发地重视起来。这就需要高校体育老师根据各班的情况来展开教学，使学生打篮球的技能得到提高，能够更好地"玩转"篮球这项运动。篮球这项运动已经在我国发展了很多年，我国也涌现出了一批篮球健儿，如姚明等人。大学生是国家未来发展的储备力量，需要增加大学生的锻炼量来提高他们的身体素质。

（一）高校体育篮球教学中现存问题分析

1. 教学形式单一，学生兴趣不足

在传统的篮球教学活动中，教授篮球的老师的教学重点普

遍侧重于篮球运动的技巧方面，一般是通过让学生重复性的模仿练习来对篮球运动的技巧进行掌握，老师在一旁对学生运球动作中出现的错误进行纠正，学生在课堂上需要花费很长的时间对这些技巧动作进行重复性的学习和锻炼，时间一长学生没有了原来的精神百倍，只剩下了满身疲惫，学生的篮球运动效果自然就提不上去。

2. 需求难以匹配，学生被动接受

多元化的篮球教学模式能够让学生学习篮球的压力有效地减轻，而且篮球运动具有很强的娱乐性，同时其也是一种竞技性体育，能够在锻炼学生身体的同时对学生的精神进行愉悦，释放学生所受到的压力，帮助学生提高自身的身体素质。但是，就我国目前的篮球教育来说，很多高校的教学方式还是比较的单一，与院校学生的实际学习能力和学习需求并不相匹配，体育老师在篮球教学过程中并没有将对教学活动的指导落到实处，这就导致学生的需求与老师的教学指导难以对接，学生在篮球技巧学习的过程中通常处于比较被动的状态，这对学生养成终身锻炼的好习惯是非常不利的，也不利于篮球教学取得好的教学效果。

3. 评价体系不完善，考评不够客观

科学合理的教学评价体系能够促进学生全面性的发展，但是，现在大部分的高校篮球教学评价体系还是不完善，只在期中或者期末对学生的学习状况进行考评，然后依据学生的篮球成绩对学生的表现进行综合的判断。这与现代素质教学理念所提倡的客观公正是相悖的，高校还需要对学生的综合素质、专业能力以及他们的教学评价体系不健全的地方进行关注，否则会对高校篮球教学考评的真实性和全面性造成不利的影响，也不利于学生综合素质和篮球技能水平的提高。

4. 水平参差不齐，体能是共性问题

目前，我国最高水平的高校篮球联赛是中国大学生篮球联赛（Chinese University Basketball Association，CUBA），CUBA自1996年创办至今，发展迅速，话题度和热度也日渐升高，尤其是优酷等推出网络综艺节目《这！就是灌篮》后，众多CUBA球星组队参加，取得了不俗的成绩，使这个联赛的受关注程度不亚于我国男子篮球职业联赛。但是在一些CUBA篮球比赛上，均不同程度地暴露出了我国高校男篮队员体能水平不足的问题，这正极大地制约着我国篮球运动向更高水平的发展。经研究发

现，高校内举办的院级篮球赛、专业间篮球赛及班级篮球赛，也普遍存在队员体能不好，容易体力不支，产生肌肉痉挛，对抗后动作易变形等情况。因此，加强我国高校男子篮球代表队运动员的体能训练，对提高我国篮球整体运动水平具有极其重要的作用。

（二）多元化教学模式在高校体育篮球教学中的运用方式

1. 树立正确的教学理念，发挥信息技术的优势

结合国家对大学生提出的体质健康标准，高校公共体育课中必须加强体能训练。高校体育教学的原则是"健康第一"和"终身体育"的思想，高校体育课的目的在于增大学生的锻炼量，使学生的身体素质得到较好的锻炼，同时适度的体育锻炼也能帮助学生释放出心里的压力，让学生能够心情愉悦，心理素质得到有效的增强，帮助学生养成终身锻炼的意识，因此在篮球教学过程中需要老师树立正确的教学观念，让学生在学习好篮球技巧的同时感受到篮球这项运动所释放出的魅力，在生活学习过程中保持积极乐观的心态。体育教学基本上都在户外或者室内篮球场上进行，但是，在教学过程中不妨将多媒体技术也

应用到其中帮助学生营造良好的篮球技巧学习氛围上。比如，在对三步上篮这项篮球技巧进行学习时就可以运用多媒体设备先对三步上篮的动作技巧、弹跳技巧进行理论上的讲解，让学生反复观看 NBA 等篮球赛事的上篮技巧，让学生在观看比赛的过程中对三步上篮这项技能进行掌握。

2. 尊重学生的个体差异，渗透团队合作的意识

学生在成长过程中由于家庭背景、生长环境、自身性格、智力、能力等多方面的因素会导致学生之间存在差异，在篮球教学过程中老师要尊重学生之间的差异，根据学生能力水平的不同因材施教，在教学过程中老师要注意和学生之间的互动交流，将每个学生学习篮球的潜力充分地挖掘出来。篮球是一项团体性活动，需要五名队员之间相互配合，要求团队之间具有很强的团队意识。因此老师可以将五个学生分为一组，通过小组之间的切磋来培养学生的团队意识，进而使篮球的教学效率得以有效的提升。

3. 体育教育需求提高，课堂内容加速更迭

课改之后，体育课堂原本传统的"基本知识、基本技术、基本技能"的授课内容已经被摒弃，现在的体育课主要对学生

的认知、心理情感和行为表现有所要求。不论今后的课程会有怎么样的变化，高校的体育课都将受到体育事业其他方面越来越多的影响。随着我国经济实力、教育水平、综合国力的提升，现在的竞技体育中有许多专业的运动技能和训练方法能够被体育爱好者模仿并掌握。与许多年前只能被专业运动员掌握不同，现在的高校体育课也在探索体能训练以及相关概念，普通的全日制本科生对个人体能的训练需求也能够得到满足，因此高校体育教师更应该加速自己课堂内容的更迭。

4. 构建多元化评价体系，促进学生的全面发展

传统的考评体系考评结果比较的片面，因此需要构建多元化的考评体系对学生的素质进行综合性的评定，建立教评与学生自评相结合的考评体系，使学生能够对自身存在的不足之处以及自身所具备的不足之处都进行了解，帮助学生指明篮球学习的方向，提高学生的篮球素养。

综上所述，篮球作为全民热爱的体育项目之一，为篮球教学的展开奠定了良好的基础，为了能够在篮球教学过程中取得良好的教学效果需要不断地对篮球教学的方式进行创新。同时，老师在教学过程中应当树立正确的体育教学观念，要注意学生

和学生的身体素质、灵活度是不同的，不能一概而论，要努力激发学生对篮球这项运动的兴趣，从而使高校篮球教学效率能够得到切实的提升，学生的身体素质和心理素质也能够有效地提升。

七、高校体育教学中俱乐部模式的引入和运用

大学生身体素质不高已经成为当下高校体育教学的最大障碍，这个现象也引起了社会的广泛关注，因此，高校体育改革的指导思想即为"健康第一"。在这个指导思想下，教学者需要鼓励、引导学生积极自主参加运动，增强体质。培养学生自主运动的习惯不是一朝一夕之功，根据这个目的，俱乐部模式的教学方式有其独特的探索意义。

（一）在当下高校中引入俱乐部教学模式的实施情况

1. 高校体育俱乐部教学模式简介

顾名思义，高校体育俱乐部教学模式即模拟俱乐部的形式，让学生在组织下按自己的意愿选择参加相关的体育运动项目。我国现阶段的俱乐部教学主要有两种形式，分别是课内教学与课外教学。其中，课内教学是指在正常教育教学时间内，由教

学者组织进行，即将这种模式运用到课堂教学中去；课外教学是指学生在课余时间，根据自己的意愿，或自主组织，或在学校以及相关学生社团的组织下进行自主锻炼。课内教学的最终目的是让学生对体育锻炼产生兴趣，从而积极自主地进行课外锻炼，同时，为课外锻炼打下良好的基础。现阶段的体育教学俱乐部模式已经取得了较为良好的教学成效，值得进行推广。

2. 体育俱乐部模式教学的积极作用

不同于传统的体育教学，俱乐部模式是从学生自己的兴趣以及意愿出发的。众所周知，高校的教学有更大的自主性，学生的学习也有更大的灵活性，传统教育教学模式的灵活性较差，学生往往在课堂上很难对运动产生兴趣，而今的俱乐部模式教学可以将相同兴趣的学生放在同一个班集体内，让在该项目中专业性较强的教师对学生进行统一指导。这样，相同爱好的学生之间很容易产生共同话题，班级内部运动氛围会更加浓厚，从而加强学生的身体素质，让学生充分发挥其主观能动性。每个学生都有擅长的项目和不擅长的项目，这种教学模式在某个层面上来说也是因材施教，将学生分类，进行专项教学。除此之外，学校的硬件器材也难以满足每一位学生的需要，开展俱乐部教学模式可以在一定程度上减少学生使用器材的冲突，也方便器材管理者进行管理。

3. 俱乐部教学模式在实施过程中遇到的困难

俱乐部教学模式作为一种新的教育教学模式，其在起步阶段肯定会遇到各种问题，首先就是师资力量。俱乐部教学模式需要教学者具有较高的专业素养以及专项运动项目的素质，而调查显示，多数高校的体育教学者整体年龄偏大，学历偏低，相关理论知识等还较为薄弱，教师擅长的大多集中于几个传统项目，如田径、健美操、足球、篮球等。专修羽毛球、排球、网球、定向运动的教学者相对来说数量较少，而这些教师还会因为硬件器材跟不上而难以开展正常的教学活动。其次，是学生思想观念以及接受教育模式上的阻碍。在多年的应试教育下，大多数高校学生仍然保留着"学习是为了考试"的观念，在这种观念下，要让学生迈开腿、走出去进行锻炼是较为困难的，在没有考试的压力下，多数学生基本不会主动参加某种体育学习或者锻炼，而俱乐部教学模式要想顺利开展，在很大程度上还要依赖学生的自觉性。因此，在大一、大二两个年级的教学中，教学者一定要注重对学生兴趣的培养，让学生养成良好的自主锻炼习惯，这样才能保证俱乐部教学模式的正常开展。

（二）将俱乐部教学模式应用于教学的措施

1. 从根本上改变体育教学的观念

高等院校的实力不仅体现在其科研能力的高低上，还应该体现在其对于人才的教育和培养上。而培养人才，除了要注重智力培养，还要注重身体素质上的加强。因此，高校必须重视体育教学，在体育设施以及器材上要加大购买与维护投入力度。除此之外，对于各种俱乐部的运营，高校也可以直接放手给学生，甚至让学生进行自主运营，实现资金的多渠道来源。在教育教学上，不仅要开设传统的例如羽毛球、排球、篮球、乒乓球等项目，还要与时俱进，开设一些比较受学生欢迎的新型项目，例如，瑜伽、攀岩、射击等。这样才能充分激发学生的运动兴趣，从而提高其锻炼的积极性，使学生在新的尝试中发现自身更多的潜力。只有这样，俱乐部教学模式才能在最大限度上发挥其功效，让学生真正得到身体素质上的提高。

2. 使教学模式多元化

教学模式的单一性会导致学生学习兴趣不高，教学成效低下等问题。在俱乐部教育模式下，可以进行"一体化，分层次"教学。一体化是指体育教育与其他教学一体化，避免学生的运动时间被其他专业课挤占，而分层次是指对不同水平、不同兴趣爱好的学生进行分类教学，将水平相近、爱好相同的学生分到同一个班级，从而方便教师进行分层次教学，发挥学生的特长。在教学之余，教学者要善于发掘学生的优势，对突出的学生进行训练，选取大学生运动会中的小裁判员与教练员。扩大体育人才后备培养，为高教体育教育作出贡献。多元化的教学模式还可以增强体育教学的新颖性以及娱乐性，让学生养成健康的生活方式，从而提高学生进行终身锻炼的可能性。

3. 完善考核评价体系

现今的体育教学考核大多采取定量考核的方式，对学生的个体差异性考虑不周。在素质教育理念中，学生的成绩不能仅仅依靠分数决定，还要多方位、全面地对学生进行综合素质的考核，例如，对学生运动的积极性、运动技能的提高速度等进行考核，帮助学生发现自己的潜在优势，因此，建立科学合理的考核评价体系就显得尤为重要，同时，合理的评价体系也能在一定程度上帮助学生树立运动的信心，提高学生运动的热情与积极性。

4. 完善俱乐部运作经营体系

俱乐部教学模式的开展，最终目标仍然是提高高校体育教学成效，对这一点一定要充分认识，不能舍本求末。俱乐部在运营过程中，应当选拔专业素质过硬、交际能力较强的教师担任管理骨干，让每个俱乐部都有相关的责任人，分层次逐级管理，实现资源和人才的有效合理配置，合理规划学生的运动时间，对学校的硬件器材进行维护和管理，引导学生选择适合自己的运动项目，避免因学生的自主选择而出现某个项目选择人数过多的现象。在某一阶段的俱乐部活动参与后，要组织学生进行反馈总结，并且为俱乐部更好地发展提出意见，方便教学者进行不断完善，从而达到不断提高学生运动兴趣，提高学生身体素质的最终目的。

在现阶段，我国的俱乐部教学模式仍不够成熟，其实施过程也遇到了许多阻力，但这个模式的提出仍为高校体育教学解决了一些固有弊端，许多高校体育教学工作者已经意识到当下教育模式的不足，并且开始积极改进。将俱乐部教学模式真正大规模引入高校体育教学还需要社会、学校与教学者的共同努力。作为高校体育教学工作者，我们要不断提高自身专业素养，加强理论知识建设，大力推广俱乐部教学模式。

第三章　高校体育教学方法的改革与创新

第一节　高校体育教学中多媒体技术的应用

一、多媒体教学技术的特征

（一）多媒体教学技术的多维性特征

所谓的多媒体教学技术的多维性特征，主要指的是多媒体教学技术所拥有的对信息范围进行处理的扩展与扩大空间的能力，而此种多维性职能能够变换、加工、创作输入的信息，使其输出信息的表现能力得到增强，显示效果得到丰富。例如，在高校体育教学开展的过程中，利用多媒体系统进行辅助，不仅能够保证学生对文本知识的学习，使其对静止图片进行观察，并且在多媒体技术的支持下，学生能够清楚地观察、了解体育教师的动作演示，使高校体育教学的效果得到加强。

（二）多媒体教学技术的集成性特征

所谓的多媒体教学技术的集成性特征，主要指的是多媒体教学技术能够将不同类别的多种媒体信息有机地进行同步组合，例如，声音、文字、图像等，进而促进多媒体完整信息的集成。此外，集成性还存在另外一层含义，指的是对这些多媒体信息进行处理的工具或者设备的集成，包含视频设备、储存系统、音响设备、计算机系统等的集成。总而言之，集成性指的是在提供的各种设备上将各种媒体紧密地进行关联，使文字、声音、图片与音像的处理实现一体化。

（三）多媒体教学技术的交互性特征

所谓的多媒体教学技术的交互性特征，主要指的是人和人之间、人和机器之间、机器和机器之间的交互活动，也就是人和机器进行对话的能力，使用者同机器之间进行沟通的能力。这也是多媒体计算机系统不同于电视机等家电设备的地方。根据实际的需要，人们能够选择、控制、检索多媒体系统，同时，还能够参与播放多媒体信息与组织多媒体节目的行列。传统的只能对编排好的节目被动接收的电视机形式已经被打破。

（四）多媒体教学技术的数字化特征

所谓的多媒体教学技术的数字化特征，主要是指在多媒体计算机系统中，各种各样的媒体信息都是以数字的形式在计算机中存放，并得到处理。多媒体教学技术是在数字化处理的前提下被建立的，例如，以矢量方式储存与处理的图形、以点阵方式储存与处理的图像、以数字编码方式储存与处理的音频和视频。在数字化技术发展的背景下，多媒体教学技术得到了广泛的传播与发展。

除了上述四种主要特征，多媒体教学技术还有其他的一些特征，如分布性、综合性与实时性等特征。所谓的实时性特征，主要指的是对于同时间相关的心理，如声音与视频信号等的处理，还有人机的交互显示、操作与检索等操作都有在实时完成的要求。所谓的分布性特征，主要指的是基于多媒体数据多样性的存在，在不同的时间与空间都会存在它的素材，并且在不同的领域中，它也得到了广泛应用。所以，对于多媒体产品的开发，在计算机专业人才参与的同时，更加需要听、视专业的人才的参与。而多媒体计算机系统存在比较明显的综合性，它不仅能够综合集成各种媒体设备，同时还能够综合集成各种信息，使它们成为整体，促进综合效应的产生，不再是单兵作战，而是文字、图片、声音与音像的有机组合。

二、多媒体在高校体育教学中的应用优势

多媒体教学技术通过文字和图形的形式，同动画、音频与视频相结合，将体育课程的教学内容进行立体显示，具有表现形式和表现手段丰富多样、灵活多变的特征，使其独特的优势得到充分体现。

（一）多媒体技术使高校体育教学观念得到了更新

高校体育教学的传统教学模式是以教师的教作为中心，在高校体育教学应用多媒体技术，能够使此种传统高校体育教学模式发生改变。体育教师在进行授课的过程中，对现代化的多媒体教学手段进行了应用，同时还需要人机交互活动与学生间交流活动的开展，使学生的体育参与意识得到激发，将体育多媒体教学的教学思想进行了展现，即以学生的"学"作为中心。这都能够极大地促进高校体育教学方法的实践性与多样性变革，改变学生体育知识与体育技能的学习思路与方式。

（二）多媒体技术使高校体育教学的质量得到提高

在体育课程的传统教学活动中，教师主要应用的教学方式是以讲授为主，挂图等展示方式为辅。在实践课中则需要体育教师进行讲解与示范，在主观条件与客观条件的约束下，很难做到完全规范、标准的技术动作示范，在较短的时间内，学生们正确的动作概念也很难形成，只有体育教师才能够反馈出学生的体育学习状况，而这样的高校体育教学效果也是可想而知的。

多媒体技术在高校体育教学中的实施使上述的状况得到改变，在文字与图片的辅助下，体育课程的抽象概念得以具体化、形象化，而通过计算机，就能够对难度较高的体育技术动作进行模拟演示。而在对速度较快、结构复杂的技术动作进行讲解与示范的过程中，取得的效果则将会更加明显。在多媒体技术的支持下，通过慢动作使学生对这一系列动作进行清晰的感知，促进相关体育概念的形成与动作要领的掌握，方便进行模仿与掌握，使高校体育教学的效率得到极大提高。

（三）多媒体技术使学生的体育学习效果得到提高

多媒体技术能够使人的视觉、听觉等多种感官系统得到刺激,促进大脑不同功能区域交替活动的开展,促进体育学习内容生动化、形象化的发展,增强高校体育教学活动的趣味性与直观性,方便学生对体育技术动作的理解。多媒体技术对字体、色彩、图表、音乐、动画和声音等多种表现手段进行了综合利用,保证"声图并茂""有声有色",使高校体育教学内容的艺术表现力与强烈的感染力得到增强,使高校体育教学的课堂氛围得到活跃,特别是多媒体对肢体和谐美、力量美与技艺美的体现,使高校学生对体育的功效与个性的社会价值获得真正的认识,使他们的求知欲与体育学习的热情得到激发,进而使学生的体育学习兴趣与体育课堂教学的质量得到有效提高。

三、多媒体 CAI 在高校体育教学中的应用

(一)目前我国 CAI 的发展现状

目前,CAI(Computer Assisted Instruction)正迎来一个多媒体大面积教学的时代,即使用先进的计算机技术、多媒体技术、网络技术、通信技术和设备,让最好的教师面向最广大的学生。所以,保证 CAI 课件大数量、高质量的发展具有十分深远的意义。

（二）多媒体 CAI 的发展趋势

对于近年来，在 CAI 中多媒体技术的应用情况进行综合分析，可以得知多媒体 CAI 的应用存在三方面的发展趋势，具体内容如下。

1. 呈现网络化的发展方向

计算机技术的不断发展，尤其是网络技术的迅猛发展，使人们的生活方式与工作方式发生很大的改变。网络技术的发展需要多媒体技术的支持，而多媒体技术需要在网络中得到应用，进而使网络的表现力得到增强。在网络中应用 CAI 课件，能够保证"最好的教师面向最广大的学生"，进而使多媒体 CAI 的群体教学模式得以实现。

2. 呈现智能化的发展方向

从功能上来讲，多媒体教学软件与智能教学辅助系统之间存在着互补的关系，如果能够将两者进行结合，那么就能够规避短处的同时发扬长处，进而使性能较高的新一代多媒体 CAI 系统得以顺势而生。如果想要使多媒体 CAI 具备一定智能性的问题得以解决，那么就不仅需要同人工智能领域的知识表达与知识推理紧密联系在一起，同时还需要对学生模型的建构问题进行考虑。在人工智能领域的知识表达与知识推理问题上，需要探求出一种能够与多媒体环境相适应的新型知识表达方式及与之相对应的推理机制。

除此之外，还需要尽可能地保证多媒体知识库中导航功能的智能化发展。智能化导航在具备一般导航功能的同时，还能够按照学生当前的知识水平，对学生下一步最合适的路径进行及时的建议，如果学生碰到了困难，就要对学生进行帮助，等等。

3. 呈现虚拟现实的发展方向

虚拟现实的英文全称是 Virtual Reality，简称为 VR，属于交互式的一种人工世界，需要多媒体技术同仿真技术的有机结合，在这种人工交互的情境中对一种身临其境的感觉进行创造。通常来讲，如果想要融入虚拟现实的环境中，那么就需要佩戴一个特殊的头盔与一副特定的手套。

在高校体育教学中应用 VR 技术，具有十分令人鼓舞的前景，例如，我们可以建造一个"虚拟物理实验室"的系统，这种系统能够帮助学生开展各种各样的虚拟实验，如万有引力定量实验等，进而深入地了解物理的概念与规律。

伴随多媒体技术与仿真技术的不断发展，VR实现的理论与方法也不断发展。例如，美国城市设计与规划专业的学生，通过利用这一套系统，能够设计、制作出一座虚拟城市。

（三）多媒体CAI优势分析

在高校体育教学课堂教学活动开展的过程中，由于高校体育教学内容和高校体育教学任务方面存在着一定的需求，因此，多媒体CAI能够科学地、合理地对现代化教学媒体进行选择，并进行应用。而信息的全方位传递需要人体的多种感官，同时对于媒体组合开展的系统教学能够进行反馈与调控，在高校体育教学课堂教学开展的过程中，保证它的存在是始终有效的，从而实现高校体育教学过程的优化。

多媒体CAI高校体育教学同传统的高校体育教学活动相比较，存在的优点有以下几种。

1.体育教师运用CAI系统指导学生体育学习活动

在现代化高校体育教学中，计算机能够对大量的教学相关信息进行承载，能够按照高校体育教学的实际需要，开展人机对话，并且能够对各种各样的高校体育教学活动随意地调用、开展。

2. 可帮助学生尽快地建立动作概念

如果能够将多媒体 CAI 应用在体育课堂教学过程中，就能够促进力量教学效果的获得。例如，体育教师在对足球理论课进行教授的时候，提到"越位"这一概念，大部分学生对此概念能够很好地理解，然而，在具体的实践中却不能较好掌握。在进行表达的过程中，体育教师可以对画图的形式进行利用，同时，还能够对声像资料进行应用，将足球比赛活动中一些典型的与非典型的"越位"镜头编辑在一起，从各个角度出发，向学生及时展示什么是"越位"，同时还要将经过反复多次推敲的解说词列入其中，使学生的各个感官得到调动，从理性上与感性上使学生理解这一概念。

3. 学生可用这一系统直接开展自我学习、自我测验与自我评价

对于多媒体高校体育教学的使用方法，由体育教师向学生传授，保证学生的体育学习活动，不仅能够在课堂上进行，还能够在课堂教学结束后开展，即复习或自学。

4. 向学生及时、准确地反馈学习进程，提高体育学习效率

在传统的高校体育教学过程中，教师在对跳远动作进行教

学的时候，会对学生做出的不规范腾空动作或者是没有达到规定标准的动作进行指出，但是有时候学生可能并没有意识到错误的动作，因此导致教师和学生之间出现了沟通障碍，需要注意的是，如果想要消除掉此种障碍，就需要在体育教师的悉心指导下，学生对某一种动作一遍一遍地不断重复，并且在不断地重复练习中，对动作的要领不断体会。如果上述情况发生在学生需要改进某一个成型动作或者使自身运动成绩得到提高的时候，就可能会产生副作用。体育教师可以对每一次学生做的跳跃动作进行录制，进行慢动作处理。再组织学生进行观看，使学生能够及时地发现存在的问题，并予以纠正。还可以利用计算机的处理作用，将一些优秀学生所做的这一动作进行事先的录制，再将两者展开对比，就能够很明显地得出两者之间存在的区别。此外，这套编制的多媒体CAI在专业运动员的训练中也同样适用。

5. 提高学生的体育学习兴趣

在传统高校体育教学活动开展的过程中，鉴于单调的高校体育教学形式与落后的高校体育教学手段的存在，使学生由于学习过程反复、辛苦、无聊而产生的不能积极应对学习的心理状态想要调整过来是不容易的,同时,多媒体CAI具有的形式是新颖的、变化多样的,能够对学生良好的心理状态进行调整,并且还能够有效刺激学生自身的求知欲,从而使学生的体育学习效率得到一定的提升。

综上所述,多媒体CAI能够刺激学生的各种感官,让学生对知识或信息进行最大限度的吸收。多媒体CAI在高校体育教学中的应用,促进高校体育教学软件多媒体化的发展,能够使学生心理上的不同要求得到更好的满足。它能够将信息编码成图像,经过同步识别以后,保证高校体育教学文件的声图并茂,绘声绘色,且清晰、便于理解,使学生更容易接受。

(四)体育多媒体CAI课件设计

体育课件的结构主要包含两个主要部分,即原理教学模式与训练教学模式。而对于体育多媒体CAI课件而言,总体的结构组成是高校体育教学内容与高校体育教学目标,其主要目标是使学生对体育基础知识和基本技术、技能进行掌握,使学生的身体素质得到增强,使学生的良好思想品德得到培养,促进学生观察能力与模仿能力的提高。

1. 体育多媒体 CAI 课件设计步骤

体育多媒体 CAI 在设计的过程中，主要包含四个主要步骤，具体内容如下：

（1）体育多媒体 CAI 课件设计的第一阶段

在体育多媒体 CAI 课件进行设计的第一阶段，要对题目进行确定，确定对题目的目的在于对课件设计所依据的规范进行了解。

（2）体育多媒体 CAI 课件设计的第二阶段

在体育多媒体 CAI 课件设计的第二阶段，要对脚本进行撰写。撰写脚本的目的是对高校体育教学的内容进行安排，一般由具有丰富教学经验的高校体育教师或者作者来负责撰写。

（3）体育多媒体 CAI 课件设计的第三阶段

在体育多媒体 CAI 课件设计的第三阶段，需要编制软件，在前两个阶段还只是纸上谈兵，但是在这个阶段需要做的工作有三项：①通过对多媒体编辑工具的利用，对多媒体数据进行准确编辑。②通过多媒体的编辑工具对多媒体课件进行制作。③对相关的程序进行编制。

(4)体育多媒体CAI课件设计的第四阶段

在体育多媒体CAI课件设计的第四阶段，需要测试、检验。当完成了体育多媒体CAI课件的开发、设计工作以后，就需要进行测试、检验。目的在于对体育多媒体CAI课件的运行情况进行测试，从而测验课件能否达到规定的目标进行。

2. 体育多媒体CAI课件的选题原则

我们需要承认的是体育多媒体CAI课件具有的特点与优势是非常强大的，然而，有时候也会有相对的不足与局限存在，因此，在完成全部教学任务的过程中，不能对体育多媒体CAI课件过分依赖，还应该对高校体育教学目标、高校体育教学条件、高校体育教学资源与高校体育教学内容进行考虑，保证选择的最优化，并精心设计。

我们首先要对体育多媒体CAI课件设计的价值进行考虑，即这堂课是否必须使用课件。如果传统的教学方式就能够使良好的教学效果得以达成，就没有必要花费大量的精力去对体育多媒体CAI课件进行制作。所以，在对体育多媒体CAI课件的内容进行确定的时候，通常会很难使用语言对高校体育教学过程中的难点与重点进行清晰的表达，在这样的情况下，对于体育多媒体课件的形式进行使用是比较合适的。之所以这样，是因为对于体育多媒体课件而言，自身具备较为丰富的功能，能够将声音、视频、动画、效果集成在一起，能够更贴切地模拟自然、表现自然，或者是在实验条件的支持下，通过局部放大、旋转与重复等多种方式进行展现，从而有效地突破高校体育教学的重点与难点。基于模拟训练的目标而言，特别是初级训练更是比较适宜应用多媒体形式。体育多媒体具有比较强大的模拟功能，能够有效地实施高校体育教学中的各种模拟技能训练。例如，对于一些进展比较困难的危险实验、高校体育教学过程中学生的实际操作、周期较长或者代价较高的实验进行替代，但是，需要注意的是，在选择高校体育教学内容的时候，应该选择那些不存在演示实验或者是演示实验不容易做的教学内容，并且进行使用。

3. 体育多媒体 CAI 课件的设计原则

（1）体育多媒体 CAI 课件设计的结构化分析原则

在体育多媒体 CAI 课件进行设计的过程中，应该对结构化分析原则进行遵循，而我们这里所说的结构化分析原则，主要是指设计体育多媒体课件的时候应用系统分析的方法，按照结构要素组成对事物进行依次的分解，等到对于所有的要素都能够清楚地进行理解与表现的时候，就能停止对事物的分解了。基于结构化分析原则下的体育多媒体CAI课件，能够将高校体育教学的内容进行层次清楚的表达，纲举目张，不管是从系统宏观来讲，还是对于局部细节而言，所做的认识都是非常详尽的，因此，对于体育多媒体CAI课件中框架的展开与学科内容的设计都能够起到一定的促进作用。

（2）体育多媒体CAI课件设计的模块化分析原则

所谓的体育多媒体CAI课件设计的模块化分析原则，主要是按照结构化分析的框架图指示，将相同或相近的部分设计成模块，使其相对独立，用模块图表示出单一功能模块的组成结构，由此对课件系统及与之相应的功能结构进行确定，进而为结构化编程创造良好条件。

（3）体育多媒体CAI课件设计的个别化教学原则

在对高校体育教学内容进行选择与组织的时候，能够具有广泛的适应性，应该保证某一层次的所有学生都能够适用。同时，根据学生不同能力的差异，对相应的高校体育教学程序和对策进行设计。例如，学生能够对自己学习内容的深度和广度进行控制，并对自己的学习进度进行确定。

（4）体育多媒体CAI课件设计的反馈和激励原则

体育多媒体CAI课件应该对每一个学生做出的反应及与之相对应的信息及时地进行反馈。在体育多媒体CAI课件中，要保证友好的交互界面，充分调动学生体育学习的积极性，使学生始终处在良好的学习状态中，同时，还要及时地、有效地强化高校体育教学的效果，使及时正向激励的作用得到有效的发挥。

（5）体育多媒体CAI课件设计的贯彻教学设计原则

对于体育多媒体CAI课件的设计而言，其理论与方法在将体育课堂教学呈现包含在内的同时，也存在体育多媒体CAI课件进行设计的方法与原则。在对高校体育教学的结构与内容进行设计的过程中，体育教师不能单纯地依靠传统的方法与经验对高校体育教学结构与内容进行设计，同时，还要适当地使用系统的技术和方法，进而对高校体育教学目标的设计与分析，以及对高校体育教学的诊断工作进行实施。

4.设计体育多媒体 CAI 课件的具体方法

体育教师在开始制作体育多媒体 CAI 课件之前，应该对课件设计工作的重要性进行明确。现阶段，有一些体育教师不能够把握住体育多媒体课件的精髓所在，只是一味地去追求最新的科学技术，一不小心就改变了体育多媒体课件的性质，使之成为多媒体片面成果的展示，这是不正确的。之所以出现这样的结果，是因为没有明确高校体育教学中体育多媒体课件的作用，需要注意的是，在高校体育教学过程中，体育多媒体课件发挥的作用不是主要的，而只是辅助性的。在体育课堂教学开展的过程中，教师仍然发挥着主导作用。只有将体育多媒体 CAI 课件的设计工作做好，才能够制作出更多优秀的课件。所以，在设计体育多媒体 CAI 课件的过程中，可以从以下几个方面进行考虑：

（1）从体育多媒体 CAI 课件的可教性考虑

对体育多媒体 CAI 课件进行制作的主要目的是使体育课堂教学的结构得到优化，使体育课堂教学的效率得到提升，在保证促进体育教师教的同时，还要促进学生的学。所以，在设计体育多媒体 CAI 课件之前，我们应当对其存在的教学价值进行优先考虑,也就是说,对于这门课是否有必要对体育多媒体CAI课件进行使用进行考虑。通常来讲,如果仅仅使用传统的高校体育教学方式就能够使良好的高校体育教学效果得以实现,那么花费大量的精力对体育多媒体CAI课件进行设计就没有必要。所以,在对体育多媒体CAI课件的内容进行制作以前,应该尽可能地对那些不存在演示实验,或者是演示实验不容易做的高校体育教学内容进行选择、应用。

(2)从体育多媒体CAI课件的易用性考虑

对于体育多媒体CAI课件而言,应该能够清楚地表达出高校体育教学的目标、高校体育教学的步骤与高校体育教学的具体操作方法,同时,有一点需要注意的是,即在同本机脱离的情况下,在其他的计算机环境中,体育多媒体CAI课件也能够运行成功,因此,需要注意以下几个方面:

①体育多媒体CAI课件应该便于安装,且能够随意拷贝到其他硬盘上使用

首先,体育多媒体CAI课件应该保证启动比较快速,避免体育教师和学生焦急等待的情况出现。其次,体育多媒体CAI课件应该尽可能占据较小的容量,需要注意的是,对于体育多

媒体 CAI 课件越大越好的错误观念必须更正，伴随网络技术的日新月异，体育多媒体 CAI 课件的运行在网络环境下最好。

②体育多媒体 CAI 课件应该具备友好的操作界面

对于体育多媒体 CAI 课件而言，其操作界面应该包含一些具有明确意义的按钮和图片，同时还要能够通过鼠标进行操作，避免发生一些特殊的情况，例如，键盘操作复杂等。此外，应该合理设置体育多媒体 CAI 课件各个内容部分间的转移，保证方便地操作跳跃、向前与向后等步骤。

③体育多媒体 CAI 课件的运行要保证一定的稳定性

对于体育多媒体 CAI 课件而言，在其运行过程中应该保证一定稳定性，如果体育教师在执行体育多媒体 CAI 课件时操作错误，那么就十分容易产生退出的情况，也会出现计算机重新启动的情况。因此，在体育多媒体 CAI 课件具体的操作过程中，体育教师应该尽可能地减少死机的情况，保证体育多媒体 CAI 课件运行过程中的稳定性。

④体育多媒体 CAI 课件要保证及时进行交互应答

在体育多媒体 CAI 课件运行过程中，应该保证及时地进行交互应答，而不能将体育多媒体 CAI 课件等同于电影。同时，体育教师应该高度重视学生的学习，保证学生学习的过程是循序渐进的，为学生留出更多的思考余地。

（3）从体育多媒体CAI课件的艺术性进行考虑

对于一个体育多媒体CAI课件而言，它的演示在保证良好高校体育教学效果的同时，还应该是令人愉悦的，只有这样才能够将美的享受提供给体育教师与学生。如果上述的两项因素都能够保证，那么就表示这样的体育多媒体CAI课件存在着较强的艺术性特征，完美地融合了优秀的内容和优美的形式，值得注意的是，想要实现这两个目标一点也不容易。体育教师不仅应该具备一定的美术基础，还要存在一定的审美情趣。所以，如果在这一方面存在过高的要求，就很难顺利实现。

体育多媒体CAI课件的艺术性特征主要的表现是：具有柔和色彩的操作界面，科学合理地进行搭配，画面应该同学生的视觉与心理产生共鸣；为了能够保证将更加逼真的图像呈现出来，可以考虑使用3D效果；对于画面的流畅性要做出保证，避免停顿、跳跃的现象出现，需要注意的是，体育多媒体CAI课件画面中最多只能存在两个运动对象；此外，不仅要存在优美的音色，还必须通过适宜的配音进行辅助。

5. 体育多媒体课件创作工具的选择

在选择体育多媒体课件创作工具的问题上，如果能够恰当地选择体育多媒体课件的创作工具，那么就能够使得体育多媒体CAI课件的具体实施产生更加理想的效果。主要从以下几方面简单地分析比较典型的体育多媒体课件创作工具与开发工具。

（1）在体育多媒体课件的创作过程中，选择体育多媒体创作工具的基本原则

在体育多媒体课件创作的过程中，所选择的创作多媒体工具，其主要用途是对用户编排、制作各种各样的节目能够起到一定的促进作用，多媒体的创作工具在向用户提供的过程中，通常是交互的设计环境与通俗、易懂的高级编辑语言，如此一来为用户编制各种内容提供便利。如果在体育多媒体CAI课件设计过程中，恰当地选择多媒体创作工作，那么就能够保证体育多媒体CAI课件的效用得到最大限度的发挥。

①高效原则

在体育多媒体课件创作的过程中，将会对多媒体的开发、创作工具进行应用。对于多媒体开发、创作工具而言，存在的特点主要有容易实现、丰富多样的效果，较高的媒体集成度，

看到的就是得到的。在体育多媒体课件备课问题与课件开发的开展方面，具有十分明显的效率优势，这一点传统"语言"系统是做不到的。

②易用原则

对于同一种知识，如果通过 1000 名教师进行教授，自然就会存在 1000 种不同的教学方式。而体育多媒体课件的实际操作具有简单、便捷、方便、容易使用等多项特征，如果想要体育教师真正地接受并使用它们，就需要体育多媒体课件的使用方法在较短的时间内被体育教师掌握，即使这个体育教师对于程序设计一窍不通，甚至是对于计算机的操作也了解甚少。

③开放原则

在高校体育教学开展的过程中，可以使用的素材是富有变化的，因此，体育多媒体课件必须拥有一个能被所有多媒体格式兼容的体育多媒体课件创作开发平台，在提供或者应用各种各样高校体育教学素材的同时，还能够支持各种各样的设备输入格式。同时应该保证存在的所有素材都能够得到充分利用，不管是在哪一台计算机中都能够适用。

（2）体育多媒体课件创作工具简介

在体育多媒体教学课件创作的过程中，选择体育多媒体创作工具的时候必须对其存在的功能进行了解。通常来讲，体育多媒体课件创作工具具备的功能有很多，例如，①为体育多媒体的编程营造良好氛围。②多媒体数据管理功能。③超文本功能。④超媒体功能。⑤对于体育多媒体数据的输入和输出都能够有效支持。⑥连接各种各样应用的功能。⑦友好的用户界面。⑧制作、编排动作的功能。

在体育多媒体教学课件创作的过程中，如果体育多媒体的创作工具存在于不同的界面中，那么就会同样存在不同的创作特点与创作风格，同时，每一种创作工具都会有其各自的优点与缺点。如何对这些界面不同的创作工具进行选择，主要依据是个人的偏爱与需要完成的创作任务。例如，如果仅仅是对学术会议的报告与研究生答辩内容进行制作，那么就不需要通过复杂的编程软件来完成制作，只需要对幻灯创作工具进行选择、使用就可以了。值得一提的是，如果想要针对某一个领域中的教育教学软件进行制作，以便于更好地辅助个别化教育训练的开展，或者是在实际操作的练习中使用，那么就应该选择具有较强交互性的多媒体创作工具。对于几种比较常见的多媒体创作工具，笔者进行了如下的分析。

①幻灯式多媒体创作工具

体育多媒体课件创作过程中的幻灯式多媒体创作工具，一般来讲是一种呈现以线性为主的体育多媒体创作工具。而此种创作工具在应用中就是通过一系列的幻灯片的排列来对过程进行呈现，也就是按照顺序排列并通过屏幕展示。而此处所提及的幻灯片，展示可以是简简单单的文字幻灯片，也可以是简单的图像幻灯片，还可以是由声音、图像、文字、视频或者动画等多种要素结合在一起的体育多媒体课件复杂组合。但需要强调的是：一般来讲，此种幻灯式的多媒体创作工具，在开始使用时必须存在预先设置一个完整的展示程序。

对于多媒体创作工具而言，其某一些特殊存在能够将一定程度的交互提供出来，再按照一定顺序立体化呈现体育多媒体教学课件界面中存在的键盘操作、鼠标操作与按钮操作，在对体育运动技术动作进行设计的时候，必须借助动作按钮的功能，完成超级链接，此外，也可以打开一些外部的程序。幻灯式多媒体创作工具中比较典型的就是PowerPoint，其显著特点就是简单、易学、易用，能够将一个创作的完整软件环境展示出来，不仅包含集成工具、格式化流程、绘画，还包含了其他的多种选项。此外，对其包含的许多模板，我们可以直接调用，但是此种多媒体创作工具也是存在缺点的，即只存在简单的交互，甚至是缺乏交互，并且存在的交互只是在幻灯的线性序列的点之间进行跳转。在学术报告、汇报与演示过程中对此种幻灯式多媒体创作工具使用较多。

②书页式多媒体创作工具

书页式多媒体创作工具的主要特点是，将相关的高校体育教学内容制作成一本书的形式，当然也存在"页"，并且这些页像书稿一样，也有一定的顺序存在。而上述的这一特征同体育多媒体课件创作的幻灯式多媒体创作工具是比较相近的，但是，两者之间也存在一定的差别，即在页与页之间能够有效支持更多的交互形式，给人一种身临其境，能够浏览真实书稿的感觉。书页式多媒体创作工具的典型代表是 Tool Book，此种软件能够对应用程序进行想象，使之成为具有很多页的书籍，在它自己的窗口中可以对每一页的内容进行画面展示，里面包含大量的交互信息与媒体对象。可以说，书页式多媒体创作工具与幻灯式多媒体创作工具相比，在结构方面，交互能够在一页内完成，显示出更加丰富的特点。对于 Tool Book 来讲，在一个独立存在的窗口中，每一次只能显示出一个内容。因此，在应用程序中，只能利用不同页面才能够完成展示。此外，还能够在打开某一本书的某一页内容的时候，同时打开其他的书籍，所以，对于更加复杂化的一个层次结构的建立，可以进行充分的考虑，也就是所谓的书架式的应用程序。对于此种书架式的应用程序而言，其原理是在应用书架上，把多种多样的事物当作一本书进行放置。

Tool Book 是由 Asymetrix 公司负责开发的。Tool Book 是水平较高的面向对象开发的一个环境，它能够将面向对象的一种程序设计语言 OPENSCRIPT 提供出来，两种相关的信息可以通过这种程序设计语言链接在一起，从而对于各种任务的完成起到一定的促进作用，例如，可以用于动画声音、计算数字、播放图像，等等。此种体育多媒体课件创作工具的特点，一般在其对应用程序的组织方面体现出来。此种创作工具具有较强的超级链接能力与超级文本能力。对于 Tool Book 而言，如果按照使用的角度对其进行划分，能够分成两个主要层面，分别为Tool Book的作者层面与读者层面。从读者层面上而言，用户能够执行对书的各种操作，同时阅览它的内容；从作者层面上来讲，设计者能够使用命令来实现对新书的编写；在修改对象或者程序中各个页次对等的时候可以对调色板与工具箱进行利用。

③时基模式创作工具

这里所说的时基模式创作工具，是一种常见的多媒体编辑系统，主要是将时间作为基础，通过此种编辑创作工具制作出的内容近似于卡通片或者电影。时基模式创作工具通常是利用看得见的时间轴来对显示对象上演的时间段与事件的顺序进行确定。在这种时间关系存在的情况下，它的出现形式可以是许多的频道，从而能够使多种对象得到安排，同时呈现出来。通常在这样的系统中会有一个控制面板的存在，主要是为了对播放进行控制，一般来讲，就像是常见的录音机与录放机，主要包含了演出、快进、倒带、前进一步、后退一步、停止等按钮。

④网络模式创作工具

对于网络模式创作工具而言，它可以允许程序组成一个自由形式的结构，即可以从一个地方到另外的任何一个地方。同时，它存在着不固定的结构与呈现顺序。在利用网络模式创作工具进行创作的过程中,仍旧需要作者建立自己的结构,也就是说作者需要尽可能多地完成工作。但是,在所有模式的多媒体创作工具中,此种创作工具是一个存在多种层次的,比较适宜建立的应用程序。比较典型的软件是 Media Script,能够从应用程序空间中的任何一个对象使用户随意地跳转到其他的任何对象使用户,访问是完全随机的。网络模式的实现可以对任何一种程序语言进行利用,然而,它存在较高的计算机方面的要求,首先需要作者至少是一名程序员。

⑤以传统程序语言为基础的多媒体创作工具

对于程序员来讲,在编程方面比较擅长,但对于多媒体编辑创作系统的限制及依赖工具箱产生对象的方式很难接受,所以,想要他们对多媒体创作系统进行应用,完全地丢弃他们所熟悉的语言创作工具是非常困难的,几乎不可能实现。在这种情况下,程序员不仅要适当地保留传统语言的特征,还要对于设计程序过程中所涉及的环境进行改进,使之能够向可视化操作的系统转变。这样就能在程序编写的过程中,使程序员在充分利用传统语言的同时,能够对多媒体开发的工具箱进行应用,并且还能够直接使用工具箱内的这些编码,使之变成能够得到重用的编码。可以预见，此种多媒体创作工具存在的应用前景是相当广泛的。

四、基于 Web 的体育多媒体网络课件的教学设计

（一）体育多媒体网络课件设计特点

基于 Web 的体育多媒体网络课件的设计，主要对高校体育教学过程中学生的中心地位进行了强调。在主动获取知识的环境下，教师和学生的地位、作用与传统教学方式相比已发生了很大的变化，相应的教学设计理论与传统教学相比也出现了差异之处。因此，就需要围绕以学生为中心、强调教师与学生充分交互这一原则对体育多媒体网络课件进行设计，保证能够将具有网络教学特点的软件设计出来。

1. 强调"以学生为中心"

在体育多媒体网络学习的过程中，应该使学生自身的主体性作用得到有效的发挥，使高校体育教学课内与课外相结合、体育锻炼活动自觉参与的精神得到展示。应该保证学生能够在自身联系反馈信息的支持下，形成高校体育教学理论与方法的独到见解。

2. 强调情境在获取知识中的重要性

在体育课程加强构建的实际情境中，能够开展一系列的学习相关活动，促进现有认知结构中的一些相关经验能够被学习者有效利用，使他们对于现阶段所学的体育课程教学的新知识可以更好地固化、索引，进而将某种特殊的意义赋予到新的高校体育教学知识中。因此，在对体育学习情境进行构造的过程中，必须强调知识点与知识点间的结构关系，注意不能只是简单地罗列高校体育教学内容。

3. 强调协作学习发挥的重要作用

在体育多媒体网络课件进行设计的过程中，使学习者与周围环境之间存在的交互作用，还有网络环境能够强化协作学习环境的作用能够得到充分有效的发挥，这对于学习者充分理解高校体育教学内容有着非常重要的作用。

4. 强调学习环境的设计

这里所说的学习环境，通常指的是学习者能够自由地进行学习与探索的场所。在学习环境中，学生为了能够使自身的学习目标得到顺利实现，需要充分地利用各种信息资源与工具。基于Web的体育多媒体网络课件的设计，在以学生为中心思想的指引下，并不是以高校体育教学环境为主体进行设计，而是针对学习环境展开一系列的设计。这样做的缘由是，更多的控制与支配产生于教学过程中，而更多的主动与自由则是会产生于学习过程中。

5. 强调各种各样信息资源的有效利用

在体育多媒体网络学习开展的过程中，为了能够有效促进学习者对知识的主动获取与探索，需要将更多有效的各类信息资源提供给学习者。对于这些媒体与资源应该要科学合理地利用。因此，在选择、设计与传统课件设计相关的教学媒体的问题上，需要应用全新的、有效的处理方式。例如，要充分考虑如何获得信息资源、获取信息资源的途径有哪些、怎样有效利用信息资源等问题。

（二）高校体育教学内容的选择与组织

只有对高校体育教学内容精心选择和组织，才能够使 Web 体育优势得到充分利用。具体包含以下几方面的内容：

1. 教学内容的多媒体化

在高校体育教学开展的过程中，不仅可以对文字和图片进行使用，还可以利用声音、动画和视频。如果高校体育教学内容需要多元化，那么也要综合地设计高校体育教学内容的形式，对于文字形式、图片形式、声音形式、视频形式与动画形式等多种高校体育教学手段要综合利用，翔实地解说体育运动技术动作的要点、方法、难点、练习方法、容易犯的错误、纠错方法等。

2. 补充体育课程教学相关内容与链接

在体育课程教学开展的过程中，不仅能够将体育课程教学大纲要求的内容引入其中，还可以融入大量的相关信息与知识。例如，在篮球中，不仅包含体育课程教学大纲中规定的一些技术教学内容与战术教学内容，同时，对于篮球运动的所有技战术也进行了扩展，而且，还补充了篮球运动技战术实战应用的内容。在完成体育课程教学大纲要求内容的同时，使爱好篮球运动的学生能够对于国内外先进的篮球运动技战术、教学与训练相关网络站点进行了解学习。此外，还能够对网络链接的特点进行利用。

3. 高校体育教学内容动态更新

在体育课程网络教学开展的过程中，学生体育学习教材由体育教师负责编写的传统方式已经不再适用了。之所以这样，主要是因为在体育课程网络教学中，对于高校体育教学课件的相关内容，学习者可以自由地进行浏览，同时，还能够通过网上教师答疑解惑与课程互动讨论等教学手段对高校体育教学内容进行讨论，同时，也可以提供一定的修订意见，促进高校体育教学互动过程中教师与学生对教材进行共同编撰可行性的实现。经过了体育相关教材的共同撰写以后，对于自身的问题与意见，学生能够进行充分的表达，从而使体育课程网络教学过程中学生的参与感得到大大增强。

（三）体育多媒体网络课件的结构设计

在设计体育多媒体网络课件结构的时候，需要考虑的因素有高校体育教学的目标、高校体育教学的内容、交互方式的性质。体育多媒体网络课件结构主要建立在高校体育教学内容的基础结构上，它可以保证体育多媒体网络课件的相关教学功能与大致框架得到充分反映。

对于体育多媒体网络课件而言，其总体结构主要由两个部分构成，分别是高校体育教学的内容、网络交互。高校体育教学的组成内容，不仅包含体育课程教学大纲要求的全部内容，还包含一些扩充性的知识。在高校体育教学网络手段广泛应用的前提下，大量与体育课程教学核心内容相关的补充性知识在体育课程教学内容中能够有机融合，进而促进高校体育教学资源的特定环境得到营造，对于那些存在不同兴趣、爱好的学生而言，能够保证他们的个性化学习活动获得适当的支持。在大量扩充性知识得到引入的情况下，极大地丰富了体育多媒体网络课件的内容。对于体育多媒体网络课件而言，其主要内容包含了体育理论课的教学内容与体育实践课的教学内容。

体育多媒体网络课件包含了多项内容，例如，相关课程的介绍、课程讲解的要点内容，等等。其中，相关课程的介绍主要有对学习总体目标的介绍，对考核的办法、学习方法、学习进度与课时安排等的介绍；课程讲解的要点内容有每一个项目的教学任务、技术动作难点、练习方法、容易犯的错误与纠正方法，等等。

（四）撰写脚本与设计素材

多媒体手段的引入使得高校体育教学内容的形式得到多元化的发展，在体育网络课件撰写中需要对素材的撰写和设计进行考虑，我们这里所说的素材，主要包含文字、图形图片、声音、动画和视频,等等。对于这些不同类素材之间的连接关系也要进行考虑。

1. 文字脚本的撰写

利用 Word 软件实现文字脚本的撰写,在内容上,不仅仅要对高校体育教学的知识点进行考虑,还要利用文字清晰地表达出教师的讲解,另外还要在引入图形图片、动画及视频的文字及超文本链接处做出标记,以便于后期的制作者使用,所以,在字数上,文字脚本是传统教材的 2~5 倍。

2. 声音脚本的撰写

在网络条件的制约下,如果在高校体育教学网络课件中对于大量的声音文件进行应用,很有可能会降低其最终的运行速度,所以,声音文件的使用只能用在特别需要的地方,例如,对动画的解说、对视频的解说,等等。同时,在对这一种类别的声音脚本进行撰写的时候,首先要考虑的是目标动画与目标视频,同时,按照动画的解说与视频的解说,对时间与内容开展配音,需要注意的是,应该保证配音脚本的精练化,并且将动画与解说的过程、配音的过程紧密地联系在一起。

3. 关于图形图片的设计

我们常说的图片，就是指利用拍照技术而生成的图片。当体育教师向学生讲解高校体育教学内容的时候，可能需要使用到大量的图片。我们常说的图形，就是指利用计算机的相关软件而绘制出来的示意图，例如，篮球运动技战术配合的相关线路图，等等。在对图片进行拍摄以前，体育教师应该针对每一个技术动作按照文字讲解的实际需要，进一步设计照片拍摄的地点与数量。通过计算机相关软件绘制出的示意图，不仅要对相关的内容进行表现，还要对图形的种类进行确定，可以是二维图形的绘制，也可以是三维图形的绘制。从原则上讲，为了能够使基于Web的体育多媒体网络课件的制作成本适当地降低，尽量对二维图形进行使用，而放弃对三维图形的使用。

4. 关于动画的设计

这里所说的动画，主要是指动态的图形或图片。在基于Web的体育多媒体网络课件中，动作的使用只是为了表达原理性的一些内容，例如，体育教师在讲解球类运动的战术配合问题的时候，就需要应用到二维动画。在对相关动画进行设计的时候，首先需要进行设计的就是最原始的静态图形，然后需要通过文字与图示对初始动态图形的每一个变化过程进行说明，同时，还要以文字撰写的形式编写相应的解说文字。对于动画脚本而言，其主要构成有：每一步动作的图形、说明性的文字与线条、图片中的文字提示、解说的文字等。一般来讲，一套规范的制作表必须通过制作人员和脚本撰写人员一起来进行商讨、确定，这对于撰写脚本与双方交流活动的开展能够起到一定的促进作用。

5.关于视频的设计

在基于 Web 的体育多媒体网络课件设计过程中，视频的拍摄类似于图片的拍摄。通常来讲，视频的拍摄和图片的拍摄在步骤上是一致的。同时，如果拍摄过程中使用的是数字摄像机，那么图片拍摄与视频拍摄事实上就是处在同一个过程中。

6.关于功能的设计

对于基于 Web 的体育多媒体网络课件而言，其功能的设计内容主要有：对于课件界面的层次选择、导航模式设计、按钮的选择、功能按钮的确定、课程内容展示方式的确定、不同素材的连接方法确定、课件内容文件结构的确立，等等。功能设计的目的主要是最大限度地使用多媒体网络手段，以便于能够使特定内容对教学活动辅助作用的完成起到一定的促进作用。在基于Web的体育多媒体网络课件中，按照总体结构的相关要求，通常通过三级结构对界面进行设计，分别是主要界面（也就是网络课件的主页面）、选择内容的界面、讲解内容的界面。

在基于Web的体育多媒体网络课件的主要界面中，通常存在两组可以选择内容的按钮，分别是高校体育教学内容组按钮、网络交互组按钮。为了可以适当地减少页面切换的数量，从而提升基于Web的体育多媒体网络课件的运行速度，因此在选择内容的界面设置每一节内容选择按钮的同时，还要设置每一章节的切换按钮。针对高校体育教学某一个具体内容时，可以综合利用各种各样的高校体育教学手段，主要包括文字介绍、图画讲解、图像图片、录像片段等。不仅如此，基于Web的体育多媒体网络课件还可以设置其他超文本链接形式的按钮。在基于Web的体育多媒体网络课件中，其界面存在的各式各样的按钮充分考虑了学生各种需求。此外，还可以科学合理地增加按钮的趣味性与动态效果。

基于Web的体育多媒体网络课件作用的主要表现是使实践课中理论讲授时间紧且不系统的问题得到较好的解决，可在网上将体育课的教学内容完整系统地进行讲授，供不同需求的学生在网上进行个性化学习；可以利用多媒体的手段对体育运动技术动作要领进行形象生动的讲解，保证统一的、规范的动作，可以便于学生重复多次地进行观摩与学习，从而保证基于 Web 的体育多媒体网络课件对于课外体育锻炼能够起到很好的辅助作用；对于网络上能够提供的条件应该充分地利用，对于相关的问题，体育教师应该指导学生进行讨论，并且为其答疑解惑，等等。

基于 Web 的体育多媒体网络课件，其应用与发展在对高校体育教学手段与高校体育教学方法进行改革与创新的同时，还会在一定程度上影响到体育教育理论的发展与高校体育教学模式的发展。在未来，多媒体课件中的一种重要形式就是基于 Web 的体育多媒体网络课件，同时它也将成为网络教学发展的重要资源基础之一。

第二节 高校体育教学中微课的应用

一、微课的概念

（一）微课概念

所谓的微课（Microlecture），主要是指以视频的方式把教师在课堂内外教学活动开展过程中传授的教学环节或者强调的主要知识难点与重点进行展示的一种新型的教学资源。微课具有一些比较显著的特点：（1）碎片化。（2）突出重点。（3）交互性比较强。（4）能够反复多次使用。微课作为一种全新的教学模式，能够使学生的碎片化学习活动随时随地地展开。

（二）微课的组成

对于微课而言，其组成内容的核心就是示例片段，也就是讲堂教学视频。不仅如此，也有同某个教学主题相对应的辅助性教学资源，例如，素材课件、教学设计、练习测试、教师点评、教学反思和学生反馈，等等。在一定的呈现方式和组织关系下，它们共同营造了资源单元应用的"小环境"，而这里所说的资源单元具有的显著特征是主题式的半结构化单元资源,因此,微课同传统单一资源类型的教学资源之间是有一定的差异存在的,主要表现在教学设计、教学课例、教学课件与教学反思等方面,同时,微课与上述的这些教学资源之间存在一定的联系,即微课作为一种新型的教学资源,其发展基础就是上述的这些教学资源。

(三)微课的特点

1. 碎片化

微课视频具有10分钟左右时长,将课程教学过程通过清晰的视频录制的方式进行呈现,一堂传统课堂教学的时间是45分钟,而原有的段状课程在微课的作用下,逐渐向点状课程转变,促使了更加精细的课程内容的出现,因此,学生除了课堂的教学时间,还可以利用课外的零散时间,例如,当学生排队等待就餐的时候,可以利用这一小段时间进行学习,所以,微课的显著特点之一就是碎片化。

2. 重点突出

基于学生的学习特点,在微课显著碎片化特点的影响下,对于教师的教学能力,微课也提出了更高的要求。在微课视频的10分钟展示时间内，要求教师将严谨的逻辑性进行体现的同时，还要将课程内容的重点与亮点突显出来，真正地抓住学生的学习重点所在，才能够使学生的学习兴趣得到更好激发。

3. 较强的师生交互性

微课作为一种新鲜的课堂形式，它的出现在满足学生知识渴求与猎奇心理的同时，还能够有效改善传统教学模式中教学内容单方面输出的情况。在微课教学开展的过程中，教师与学生之间的互动得到加强，不仅及时收集了学生课程学习的兴趣点，同时，对于学生存在的疑问，教师也能够及时进行解答。这无疑会为教师课程后期的设计提供便利条件，满足现阶段学生对知识的渴求，进一步提升课程的教学效果。

4. 能够反复多次使用的教学资源

在微课的模式下，学生能够按照自身的实际需要，对体育学习活动随时随地地展开，例如，在课程开始之前，学生可以通过微课来预习运动技能、巩固难点和重点、练习课后的动作，等等。上述的这些微课学习途径，在进一步提升教学效果的问题上都能够发挥有效的促进作用，此外，对微课教学模式的使用，还可以使学生学习课程的积极性得到增强。

二、微课在高校体育教学中的应用

由于微课存在碎片化、突出重点、较强的师生交互性与可重复利用教学资源的特征，从体育微课的基本设计原则出发，开发质量较高的体育微课，可以进一步地改善当前高校体育教学的现状，使学生学习体育运动项目的兴趣得到提高。一般来讲，在高校体育教学中，主要会在以下几个方面体现微课的应用：

（一）应用在学生体育需求调研中

鉴于高校体育教学传统模式中同高校体育教学内容间存在的关联，在高校体育教学实践活动正式开始前，体育教师应该按照课程逻辑将高校体育教学内容中的难点与重点提取出来，同时，还应该同现阶段体育栏目与体育热点新闻相结合，对体育微课进行制作，之后再将已经制作完毕的体育微课利用移动互联网的各种渠道在学校范围内广泛传播，通过对微课中学生的点击率与同帖评论内容的考察，体育教师能够有效地评定体育课程内容的合理性，可以让体育教师更加深入地了解学生的兴趣与期待，此外。在前期对体育微课进行传播，能够有效地使学生学习体育的积极性得到调动，使学生更加期待即将要学习的新内容，使学生的被动学习行为转变为主动学习行为，进而提升学生的体育参与度。

（二）应用在体育课程设计中

对于体育微课而言，它不仅补充了传统的高校体育教学模式，还是多媒体时代下高校体育教学发展的必然结果。微课的出现使原本的体育课程设计得到了重新定义，因此，就需要保证体育课程有理有据、有血有肉。在高校体育教学开展的后期阶段，需要将以往室内体育理论课与室外实践课分开开展的体育课程进行融合，同时，还需要对多媒体大数据的时代特征进行考虑，在设计室内理论课时，可以以教师和学生的信息数据交流为主，让微课在体育课程中起"头脑风暴"，呈现更加公平、更加自由的体育课程氛围，此外，在这样的形势下，体育教师的教学思维能够得到更进一步更新，使学生学习体育的热情提升。

（三）应用在体育课程教学中

一方面，基于体育时事热点与体育课程的新内容，体育教师能够对新颖的体育课进行设计，并导入微课，在体育课程教学开展的过程中，组织学生集体观看，主要的目的在于吸引学生的注意力，激发他们学习体育兴趣。另一方面，在高校体育教学实践活动开展的过程中，体育教师可以将复杂动作的教学制作成微课，同时，在体育课堂教学过程中，反复地向学生播放，将更加具体、更加直观、更加生动、更加形象的高校体育教学过程呈现出来。

体育教师可以根据新课内容和时事体育热点等方面设计导入微课，在课上给学生观看，目的是吸引学生的注意力，激发学生的学习兴趣，另外，对于高校体育教学中复杂的教学动作，教师可将其制作成微课，在课上对学生进行重复播放，使高校体育教学过程教学更生动、更直观、更形象、更具体。

（四）应用在体育课后辅导中

对于高校体育教学而言，每一节体育课堂教学的时间是45分钟，在有限的高校体育教学时间里，想要教师能够面面俱到地讲授内容，实现精细化教学几乎是不可能的，一部分学生不能与教学节奏同步或者是学生不能对其所学运动技能充分掌握的情况必定会出现，因此，当体育课堂教学结束以后，教师可以将包含有高校体育教学重点的微课视频向学生发放，以便于学生能够在课堂结束以后，对于已经学习的技术动作进行练习，对课堂上所学内容进行复习，切实保证温故知新，提升学生的学习效果。

（五）应用在体育课程分享中

从本质上来讲，分享就是学习，学生们喜欢在朋友圈中分享一些好的视频课程，对身边的朋友、学生进行感染，使学生的学习圈子得到扩大。因此，我们应该构建一种倡导分享精神的学习共同体，这样能够保证学习共同体成员间互相督促，对有用的体育学习信息进行分享。例如，将微课应用在体育舞蹈教学过程中，在校园内学生可以对已经学习到的且比较感兴趣的体育舞蹈课进行分享，使越来越多热爱体育舞蹈的学生能够及时地对学习资源进行获取、分享，同时，还可以对校园内其他兴趣一致的学生进行自发组织，安排大家一起对体育舞蹈微课进行学习，保证体育舞蹈社团的更进一步发展，通过组织社团活动，使学生的课外生活得到丰富。

第三节 高校体育教学中慕课的应用

一、慕课的概念

（一）授课形式

慕课（MOOC，Massive Open Online Courses），是一种将在世界各地分布的学习者与授课者通过某一个共同的主题或者话题而联系在一起的方式方法。

几乎所有慕课的授课形式都是每一周话题研讨的方式，并且只会将一种大体的时间表提供给授课者与学习者，但是一般来讲，慕课课程都不会对学习者有特殊的要求，一般进行说明的内容比较简单，例如，阅读建议、每一周进行一次的问题研讨，等等。

（二）主要特点

1. 规模比较大

所谓的规模比较大，指的是网络开放的大规模课程，而不是以个人名义对一两门课程进行发布。我们这里所说的网络开放的大规模，通常是指那些参与者发布出来的课程，这些课程一般会被人们称作是大规模的课程或者是大型的课程，慕课的典型形式就是这些课程。

2. 开放的课程

所谓的开放的课程，一般会对创用(CE,Creative Education)协议严格遵守；可以说，开放的课程就能够成为慕课。

3. 网络课程

网络课程的相关材料通常在互联网上发布，而不是面对面的。此种课程的显著特征就是没有上课地点的特殊要求。例如，如果你想听一听美国大学的一流课程，那么不管你在什么地方，不需要花费太多的金钱，只要有网络连接与电脑的存在就能够实现。在一篇评论文章中，斯坦福大学校长约翰·汉尼斯曾经表达过这样的观点，即由学界大师进行授课的小班学习课程存在的水平依然很高，但是，经过证实，网络课程也是一种能够获得高效成果的学习方式。相比于大课，结果是一样的。

二、慕课在高校体育教学中的应用

(一)高校体育教学中慕课的应用价值分析

自慕课引入我国以来,已经过了很长的一段时间,同时对于这种新式的教学方法许多的学校都开始进行尝试,然而,慕课在高校体育教学方面的应用非常少。实际上,慕课的教学方式在高校体育教学方面也是非常适用的。

随着网络的日渐发展,人们每一天都会上网,无论是对网页进行浏览,还是刷微博,我们都必须承认的是网络在现代人们生活中承担的责任越来越重要,而对于慕课而言,就是对于此种现状进行利用,在学习开展的过程中充分利用网络条件。

除此之外,作为一种学习方式,慕课还具备一定的主动性,任何人的监督与强迫都不会对其产生影响,使用者可以按照自己的个人兴趣爱好,选择、学习自己喜欢的运动。同时,慕课所拥有的资源范围也是非常广泛的,在高校体育教学开展过程中对慕课进行应用,教师和学生还可以实现对国外高校体育教学资源的分享与使用。

现阶段,学校体育课的开展形式主要是体育教师授课,学生接受学习,即高校体育教学课堂教学中,教师首先进行讲解、示范,之后学生进行练习。然而,我国大多数中小学、高中体育课的开展时间一般是45分钟,当体育课的准备活动做完以后,由体育教师进行体育技术动作的讲解与示范,如此一来,一堂体育课的时间已经耗费很多,学生们的练习活动无法在剩下的时间展开。对于这个问题,慕课就能够很好地进行解决。

当体育课堂教学结束以后,学生在课后就能够自行复习。在体育微课视频中包含真人操作与讲解,能够帮助学生对于白天体育课堂学习的动作进行复习与记忆。尽管高校体育教学时间长达一个半小时,学生能够拥有足够的时间去学习、练习体育运动技术,但是,他们只能对每门体育课修习一次,基本上每一个学期所要学习的内容都是相同的,而学生又存在一定的差异,不利于一部分学生深入学习、练习。

在高校体育教学中应用慕课的教学方式,不仅能够保证学生深入开展学习活动,还有利于学生自己掌握学习进度。同时,慕课中存在的学习资源是非常丰富的,有利于学生找到适宜自己的运动方式。例如,对于一部分学生而言,可能剧烈的运动不适合他们,所以,他们能够在慕课中找到比较适合自己的运动,如此一来，不仅能够避免损伤自己身体，还能够使体育锻炼的目的顺利实现。

实际上，如今许多家长也比较重视学生的体育锻炼问题，为了保证孩子的健康成长，家长总是喜欢带着孩子散步、晨练。然而，这些体育活动的效果能够真正实现吗？大多时候，人们通常会认为，只要自己去参加体育锻炼了，就会有益自己的健康发展，然而，需要注意的是，如果人们不能应用健康的方式开展体育锻炼的话，那么在浪费体育锻炼时间的同时，还会在一定程度上造成身体伤害。如果在高校体育教学中应用慕课，那么在体育运动锻炼的过程中，参考标准的动作去完成体育锻炼，那么就像是一个专业的私人教练陪在自己身边，并对体育锻炼活动进行正确的指导。

（二）慕课应用在高校体育教学中的未来发展

慕课的教学方式来源于国外，在我国的高校才刚刚起步，而且有一些内容对于我国高校而言是不适用的，必须进行一定时间的磨合才能够同我国的教学理念相适应。

基于这样的情况，我国大部分高校应该按照自己学校的特点自行录制慕课视频。同时，在录制慕课视频的时候，可以是多个学校的教师共同参与录制、讨论，然后对多个优秀的视频进行选择，并且上传到网上，方便学生们观看、下载、学习。由于不同的教师在讲课的风格与方式上也会不同，而教师们录制的慕课中包含多个教师的教学课程，那么学生就可以选择最适合自己的教师。此外，这样不仅能够避免大课参与人数多的情况，还能有效改善学生听课效果不佳的情况。将慕课应用在高校体育教学中，能够使小班教学的目的得以实现。同时，同一学科由多个教师进行录制，能够形成比较与竞争，能够帮助教师对自己的教学缺点更加仔细地观察，使高校体育教学质量得到提高。因为慕课在高校体育教学中的应用主要以网上教学为主，所谓的监督制度是不存在的，因此，要求学生的自主学习能力是比较强的。而且在高校体育教学考核时，可以不再使用计算机考核的方式，体育教师组织学生开展网络学习以后，安排传统的考试即可。只有这样，才能使学生通过计算机检测进行作弊的情况得到有效避免。此外，还能够对学生的学习效果进行检测。

在慕课教学中，教师可得到完全的解放，例如，在高校体育教学开展的过程中，通过慕课开展教学的方式是可取的，而且如果学生出现一些疑问，也可以对同一个视频进行反复观看。教师应该与学生之间定期交流，如此一来，不仅能够使教师和学生之间的感情得到增进，还能够对学生的学习产生一定的帮助。尽管我国对于慕课的应用还处于刚刚起步阶段，然而，在现代网络发展的背景下，慕课的发展是一种必然趋势。将慕课应用在高校体育教学中，能够给教师教学的开展带来一定的启示，需要注意的是，在使用慕课开展高校体育教学的时候，还应该同国内的高校体育教学情况相结合。

例如，在开展篮球运动课堂教学过程中，不仅仅要对手指上的动作进行教学，还要对脚上的动作进行教学，更重要的是要将两者的教学活动紧密地联系在一起。因此，在制作相关慕课时，不仅要将这些动作进行分解，还要有一个规范的整体动作，以便于学生学习活动的开展。查阅相关的文献资料可知，尽管国内已经引入慕课的教学方式，但是慕课在高校体育教学中的应用还不广泛，如果想要对一个体育慕课的完整体系进行构建，那么就需要具备相关的慕课教程。一般来讲，由国外引入的教学资源通常都是外语，存在大量的体育专业名词，导致学生在理解上容易出现困难，面对这样的情况，在制作慕课的时候，可以聘请我国优秀的体育教师结合具体的教学情况进行制作。此外，针对制作慕课的情况，还要对一定的标准进行设定，如果慕课没有达到标准，那么就不能够使用，这对于慕课的进步与发展是非常重要的。

第四节　高校体育教学中翻转课堂的应用

一、翻转课堂的概念

（一）含义

翻转课堂一词来源于英文词汇"Inverted Classroom"或"Flipped Classroom"，通常是指重新调整教学课堂内外的时间，从本质上来讲，就是学习的决定权不再属于教师，而是由学生掌握学习的主动权。在翻转课堂教学模式的应用过程中，学生能够在课堂有限的时间内更专注地开展学习活动，对于全球化的挑战、本地化的挑战、现实世界中存在的问题，教师与学生可以一起更加深入地进行研究解决。

在课堂教学开展的过程中，教师不会再耗费大部分的课堂时间去讲授信息，但是在课堂教学结束以后，学生需要自主地完成对这些信息的学习，他们可以利用听播客、看视频讲座、对功能强大的电子书进行阅读，或者是通过网络同其他同学互相讨论，综上所述，在翻转课堂教学模式应用过程中，不管什么时候，学生都能够对自己所需的材料进行查阅。

此外，教师同每一个学生进行交流的时间也得到了增多。当课堂教学结束以后，学生就能够自主地对学习节奏、学习内容、学习风格与知识呈现的方式进行规划，同时学生的知识需要通过教师对讲授法与协作法的教授才能够得到满足，使学生实现个性化的学习，最终的目的是通过实践活动保证学生学习活动的真实性。

（二）主要特点

在很多年以前，人们就对视频教学的方式进行过研究、探索。最直接的证据是，世界上大部分国家在20世纪50年代就开展过广播电视教育。为什么传统教学模式没有受到当年所做探索的任何影响，而翻转课堂教学模式却被人们广泛关注呢？笔者认为是由于"翻转课堂"的几个明显特点导致的，对于翻转课堂的特点，笔者进行了如下分析：

1.教学视频短小精致

不管是亚伦·萨姆斯与乔纳森·伯尔曼的化学学科教学视频，还是萨尔曼·汗的数学辅导视频，很明显都存在一个显著的共同点，即教学视频的短小精致。即便是较长一点的视频也只有十几分钟的时间,而大部分的视频通常只有几分钟的时间。同时,每一个视频存在的针对性都是比较强的,如果能够针对某一个特定问题,那么也就会比较方便进行查找;应该尽量在学生注意力比较集中的时间范围内控制视频的时间长度,同学生的身心发展特征相适应;在网络上发布的视频存在回放、暂停功能等,能够自己进行控制,使学生的自主学习能够顺利实现。

2. 教学信息明确清晰

在萨尔曼·汗的教学视频中存在一个比较明显的特征,即唯一能够在视频中看到的就是他的手——这只手将一些数学符号不断地进行书写,并且将整个屏幕慢慢地填满,同时,在书写的同时,还有画外音的配合。对此,萨尔曼·汗自己的观点是,在这样的方式中,同我站在讲台上讲课是不一样的,这样的方式就像将我们聚集在同一张桌子面前,一起学习,在一张纸上写下内容使人感觉贴心。这也是同传统的教学录像相比,翻转课堂教学视频的不同之处。如果在视频中出现了教室中的各种摆设物品,或者是教师的头像,那么就非常容易分散学生的注意力,特别是当学生处于自主学习状态的时候。

3. 重新建构学习流程

学生的学习过程一般会有两个组成阶段：（1）第一阶段，传递信息。其实现需要教师与学生之间的互动、学生与学生之间的互动。（2）第二阶段，内化吸收。需要学生在课堂教学结束以后自己完成。在学生自己完成的过程中，因为缺少教师的支持与同学的帮助，因此，学生在内化吸收的阶段经常会出现挫败感，使他们丧失掉学习的动机与成就感。

"翻转课堂"的教学模式使学生的学习过程得到重新建构。第一阶段的传递信息，是在课堂教学开始之前由学生完成的，而教师在对视频进行提供的同时，也对在线的辅导进行提供；此外，第二阶段的内化吸收，是在课堂教学开展的过程中，由互动而实现的，对于学生存在的学习困惑与困难，教师应该提前进行了解，同时在课堂教学开展过程中对学生进行有效的指导，而学生与学生之间的互相交流活动，对于学生内化吸收知识的整个过程，能够起到一定的促进作用。

4. 复习检测快捷方便

当学生观看完教学视频以后，就会看到视频结尾处出现的几个小问题，通常是 4 个或 5 个，能够帮助学生及时检验自己的学习情况，同时，根据自身的学习情况做出合适的判断。如果对于这几个问题，学生的答案不是很理想，那么学生就应该回放一遍教学视频，对于出现问题的原因仔细思考。同时，通过云平台，将学生回答问题的实际情况及时地进行汇总、分析、处理，使教师对学生学习情况的了解更加客观、全面。教学视频的另一个明显优势，就是能够在经过一段时间的学习以后，方便学生对学习到的知识进行复习与巩固。伴随评价技术的不断发展跟进，使学生学习的相关环节具有足够的实证性资料支撑，这对于教师真正意义上地了解学生是非常有帮助的。

二、体育翻转课堂的实施策略

（一）做好在线虚拟教学平台的建设

在线虚拟教学平台搭建的主要目的在于为翻转课堂的实施创造前提和基础，这一平台主要包括教学内容上传模块、师生交流与答疑模块、在线测试与评价模块、学习跟踪与监控模块以及学习总结与成果展示模块等。体育教师通过这一平台，不仅可以将与高校体育教学相关的微视频、PPT、各种音频等教学材料向在线虚拟教学平台上传，还可以借助这一平台实现作业发布、在线测验、监控督促、在线交流、在线评价等；学生则可以通过这一平台进行学习材料下载或在线学习，并同体育教师之间实现及时的交流与沟通。

（二）注重评价机制的创新

翻转课堂教学模式下的高校体育教学评价不能限于传统的纸笔测验，评价内容、评价主体、评价标准和评价方法等都应区别于传统教学，否则，翻转课堂的实施就会流于形式。翻转课堂模式下的高校体育教学评价应该把"以评促学""以评促教"作为评价的主要目的，并将学生的进步程度作为评价的主要指标并注重多元化评价的采用，只有这样，评价才能既有针对性又不失全面性。多元化评价主要表现在评价主体、评价内容、评价方法、评价阶段等方面，紧紧围绕促进学生的学和促进教师的教，最终将提高教学实效作为评价的主旨。

（三）注重提高体育教师的综合素养

无论何种教育教学改革，教师始终是改革成败的核心与关键。作为信息化社会的产物，翻转课堂不仅是一种先进的教学理念，还是一种先进的教学方法，它对体育教师的综合素养提出了较高的要求。体育教师既是在线虚拟教学平台的搭建者、设计者和使用者；又是教学视频等学习资源的开发者和上传者；既是学生学习与实践的组织者、引导者，又是学生学习成果评价的设计者和评价者；既是学生在线学习情况的监督者和督促者，又是教学设计的完善者。

（四）追求体育课堂实效，避免翻转课堂异化

翻转课堂作为一个新生的事物，虽然它顺应了信息化社会的时代背景，但还没有形成公认的科学实施模式，各个学科对翻转课堂的研究成果较为丰富，但各类研究也存在很多的不足，综合起来主要表现在以下几方面：

1.避免弱化体育教师的作用而过度强调以学生为中心

翻转课堂模式下，体育教师虽然把课堂讲解与示范的时间让位给了学生，但并不代表教师的作用被弱化了，事实上，体育教师的作用变得更加关键。课前教学视频的录制和收集、教学资料的优化与整合、在线虚拟教学平台的建设与管理，课中体育教师的讲解与示范、学生活动的设计与组织，课后学生学习结果的考核与评价、教学方案的优化与修订等，每一项工作

都离不开教师的付出。如果对体育教师的作用过度弱化，学生的学习就会失去系统性和效能性，高校体育教学最终难逃沦为"放羊式"的结果。

2. 避免忽视学生课前学习的跟踪和监测而高估学生的自主性

对于翻转课堂教学模式而言，"掌握学习"是其建构的重要基础。翻转课堂的有效实施离不开学生的自主学习性。作为现实社会中的复杂存在，学生在课堂教学开始之前的在线学习中，并不是每一次都能够针对高校体育教学内容有效地、自觉地学习。因此，教师有必要对学生进行适当的检测与跟踪，它不仅能够对学生的技能学习和知识学习的完成起到督促作用，还能够有效培养学生的自主学习能力。

3. 避免忽视学科的差异而一味借鉴其他学科的经验

现阶段，对翻转课堂教学模式的相关理论研究成果与实践研究成绩，主要是基于其他学科的基础之上。对体育学科理论等方面的研究还并不十分成熟，因此在对高校体育教学中翻转课堂教学模式的应用进行研究的时候，我们对于其他学科的实践经验不可避免地要进行借鉴。但是，学科与学科之间的差异是肯定存在的，在其他学科领域比较适用的理论和经验，在体育学科中不一定能够适合。因此，在翻转课堂教学模式进行具体实施的时候，我们应该要把握好体育学科的本质特点，应该有选择地吸收、借鉴其他学科的理论与经验，对于生搬硬套的情况要避免发生。

4. 避免偏离翻转课堂的本质而过度追求形式

实施翻转课堂教学模式的主要目标是在一定程度上提升高校体育教学的时效性，这一点是毫无疑问的。高校体育教学的存在离不开价值的支持与丰富，体育课程教学一种至高的境界是对于既正当又有效的高校体育教学进行贯彻，如果过分追求形式而对高校体育教学的效果不够重视的话，那么即便是翻转课堂的教学模式得以实施，也不存在任何的意义。

在高校体育教学改革深入发展的特殊阶段，在广大体育教师积极投身于高校体育教学改革的今天，对于翻转课堂教学模式我们依然应该谨慎地对其缺陷与优势进行审视，尤其是要避免偏离翻转课堂的本质而过度追求形式的情况发生。

三、翻转课堂在高校体育教学中的应用

（一）高校体育教学中实施翻转课堂的价值探析

1. 当前高校体育教学中存在的典型问题

（1）教学指导思想混乱

教学指导思想反映的是体育教师的理念问题，它会直接影响高校体育教学主旨的确定、教学方法和手段的选择，以及整个教学组织管理过程，最终影响教学实效。"健康第一""快乐体育""终身体育"等各种体育课程指导思想的提出，有力地促进了我国高校体育教学的发展，但也会让体育教师感觉无所适从，众多的体育指导思想让体育教师很容易迷失教学的主旨，最后只能依据个人的理解"万里挑一"，并"从一而终"。可见，混乱的教学指导思想很容易让体育教师片面理解高校体育教学，最终会影响我国高校体育教学的良性发展。

（2）工具性和人文性的失衡

对于高校体育教学目标而言，存在三个维度，里面包含的知识与技能目标能够展示出体育的工具性特征，而态度、情感与价值观目标能够展示出体育的人文性。体育课堂教学所具备

的工具性对于实践性与实用性进行强调；体育的人文性对于情感与精神进行强调。

现阶段，高校体育教学能够充分地表现出其工具性特征，然而却忽视了人文性方面的特征，体育教师只是对应该教什么内容、以什么样的方式进行教学、学生如何进行学习、学生能否真正学会等问题给予重视，却很少关注在体育课程教与学中态度、情感与人格等方面的发展需求。最终导致的结果是，尽管学生已经对体育知识进行了学习，还对一定的体育实践能力进行了掌握，但是，在学生的体育实践意识与整体体育素养方面仍需要加强，对于体育课和体育教师，学生往往表现出淡漠的情感，致使"学生不喜欢体育课却喜欢体育""体育锻炼意识与习惯缺乏"的现象时有发生。由此可见，在传统的高校体育教学过程中，轻视人文性、重视工具性的方法存在的缺陷是非常显著的，如果想要高校体育教学的最终目标得以实现，就需要始终坚持高校体育教学的人文性和工具性的统一。

（3）缺少个性化与人本化

现阶段，我国体育实践中存在的问题有很多，虽然我们已经充分地意识到它们的存在，同时持续加大力气，为了能够将这些问题解决掉，对于多种措施进行了应用，然而，却没能够有效地解决这些问题，导致瓶颈状态的出现，在我国高校体育教学中，这样的情况是非常明显的。在高校体育教学活动开展的过程中，体育教师通常从主观意识出发，将"一刀切"的特点表现出来，尽管打着"面对全体学生"的旗号，实际上却忽略了学生的个体差异；为了能够使传递知识和技能的目的得以实现，体育教师所发挥的作用是至关重要的，这主要是因为体育课堂教学的时间基本上都是在体育教师的示范和讲解中度过，在课堂容量的约束下，学生想要实现知识和技能内化根本上是很难的，几乎不可能，更不要说提高学生的综合能力了。

在高校体育教学实践活动开展的过程中，体育教师需要面对非常复杂的学习群体，之所以这样说，是因为学生在性格特征、知识基础、学习方式、学习能力、学习习惯与学习需求等方面会表现出较大的差别，因此，体育教师需要深入了解学生的实际情况，同时实施区别对待，展开个性化教学。在传统的高校体育教学中，如果缺少一定的个性化与人本化，那么想要将因材施教落到实处是很困难的，很容易出现学生两极分化的情况，即好的学生没有办法更好，而差的学生则是越来越差，在体育课堂教学过程中，学生的主体性与独立性是根本无法实现的，严重背离了人才培养的要求。

（4）学习评价结果的失真

在我国传统的高校体育教学过程中，唯一的评价主体就是教师，而一贯使用的评价方法是纸笔测试与技能考核，在统一的标准下对学生进行考核，再按照相关标准由教师进行打分，这样的评价方法尽管看起来是公正的、客观的，但是实际上对于学生的学习效果与进步程度却很难反映出来，而"通过评价促进学习"的目的更是难以达到。一旦碰到考试，学生就如临大敌，经常出现的现象是：考试以前临阵磨枪，考试以后惶恐不安，课程结束以后就像是逃离了地狱一般。

对于传统的高校体育教学评价模式而言，对学生的学习效果不能真实地被反映出来，同时，学生学习体育的兴趣很难得到激发，其体育锻炼习惯也很难养成，更为严重的是，还会使学生对体育课程学习的抵触情绪增加，不存在任何的意义。

2. 翻转课堂在高校体育教学中的核心价值

当前，翻转课堂在我国的兴起已经成为不争的事实，但对于翻转课堂的价值进行深入探讨似乎还未引起理论层面的重视。

为了更好地应用和推广翻转课堂,笔者拟对其在高校体育教学中的核心价值予以探讨。

(1)翻转课堂使高校体育教学与信息技术的有机结合得以实现

在信息化社会的今天,学生的生活方式和学习方式发生了深刻的变化,借助手机、电脑等信息化平台进行学习和交流已经成为日常习惯,为适应学生在行为和习惯上的变化,教学信息化在所难免。

翻转课堂作为信息化社会的产物,它使教学与信息技术之间有机结合,高度迎合了学生的日常习惯,改变了传统课堂呆板的模式和形象,使学生的学习变得更加自然和有趣。体育教师通过上传视频、三维动画、PPT等丰富而直观的教学材料,设置系统有序的学习导航,加上教师对学生客观而有趣的在线评价和在线交流,一个有益于学生身心发展的教学环境被创建出来,这不仅有效增进了师生之间的情感,更提高了学生的学习兴趣和自主性,也为体育教师有效组织课堂中的教学活动奠定了基础,这对提高高校体育教学的实效性是非常有利的。

（2）翻转课堂有助于实现高校体育教学的精讲多练

学生课中学习和练习的时间总量是一定的，新知识、新技能的学习耗时过多，学生从事体育练习的时间势必减少，体育课的健身性以及学生对知识、技能的掌握和内化就会大打折扣，因此，精讲多练符合体育课堂教学的要求。在翻转课堂模式下，课前，学生通过观看教学视频，对高校体育教学内容有了初步的认知，对体育学习中的难点深有感触，在遇到无法解决的问题时，学生通过在线交流平台及时反映给体育教师，这样教师就会对学生的课前学习情况有所把握；课中，体育教师依据学生所反映的问题进行针对性极强的讲解或个别指导，不需要每个问题都进行讲解，这样就省去了很多讲解的时间，学生在课中进行体育实践的时间就被延长，精讲多练的目的自然达到。

（3）翻转课堂使高校体育教学要素的优化组合得以实现

从高校体育教学要素的层面上来讲，翻转课堂同传统的高校体育教学模式之间存在的区别并不是很明显。对于翻转课堂而言，它主要是利用科学合理地重构高校体育教学要素来使高校体育教学的效能实现增值的。我们之所以将翻转课堂判定为一种革命性的高校体育教学方式创新，主要是由于此种教学模式在对高校体育教学要素的各种功能进行准确定位的前提下，令体育教师与学生的主体性地位得到了转换，使体育课程的资源得到拓展，促进了高校体育教学目的、高校体育教学方法手段与反馈机制的合理调整，对学生体育学习的良好环境进行创设，进而从质的层面改变高校体育教学的形态与结果。同时，需要注意的是，翻转课堂在组合高校体育教学要素的问题上并不是固定不变的，而是动态的；不是呆板的，而是灵活的。在高校体育教学的实践活动中，按照实际的需要，体育教师对于各教学要素间的组合关系可以随时进行调整以保证特定高校体育教学目的的实现。只有充分认识这一点，才能够保证我们将翻转课堂作为固定范式进行看待，进而避免高校体育教学中应用翻转课堂教学方法流于形式。

（4）翻转课堂能够促进高校体育教学中素质教育的实施

素质教育的主要目的是对于受教育者的综合素质进行全面提高，而值得注意的是，综合素质的提升离不开人的全面发展，同时，对于学生个性的培养，我们也不能忽略。个性的完善，不仅是素质教育开展的价值理念，也是素质教育的目标理念，培养个性、促进人的全面发展是素质教育的真谛。

在翻转课堂教学模式应用的过程中，学生的学习目标是统一的，同时，按照学生的具体实际，体育教师可以对学生的个体目标进行制定。通过对在线高校体育教学视频的观看，可以保证学生自主学习的实现，按照学生的学习能力来确定高校体育教学视频的观看次数，而按照学生的学习基础来由学生自主选择观看的内容；从反馈问题的层面上来讲，通过在线交流平台，学生能够将学习中的问题随时向教师反映，同时，获得教师的及时教导；从学习评价的层面上来讲，体育教师对于学生进行评价的根据是学生的进步程度，同时将小组评价和个人评价融入最终评价结果之中，这种评价模式有助于让学生明确在学习过程中的优点和不足，并时刻感受到自己在不断提高。可见，翻转课堂这种个性化的教学模式对于学生端正学习态度、激发学习兴趣、提高沟通能力、培养正确的价值观以及促进学生的全面发展都是有益的。

（三）将翻转课堂教学方法引入高校体育教学

我们常说的高校体育教学模式主要是指在一定高校体育教学理念、高校体育教学思想的引导与高校体育教学理论的指导下，而建立的各种各样的高校体育教学活动的基本框架或者基本结构，一般来讲，高校体育教学模式包含了多种要素，即高校体育教学理论依据、高校体育教学原则、高校体育教学程序与学习程序、教学资源与实现条件，以及高校体育教学效果评价，等等。将翻转课堂教学方法引入高校体育教学的全新高校体育教学模式具体包含以下几方面的内容：

1. 高校体育教学的理论依据

高校体育教学中应用翻转课堂的教学模式主要的思想基础是"先学后教"思想，对高校体育教学活动中学生的教学参与与学生的主体性进行强调。从高校体育教学的特征与行为心理学原理出发，特别是对斯金纳操作性条件反射的训练心理学进行考虑，对高校体育教学的程序进行确定，具体是：利用视频学习—对于联系吸收理解—再通过视频回顾—互动反馈—强化实践—学习、掌握，并且在这样循环、反复的高校体育教学过程中，对于行为目标进行有效塑造；同时，按照学习的过程与教学的实际效果，学习主体对体育"教"与"学"的活动过程进行不断完善与创新，促进预期高校体育教学目标与学习目标的实现。

2. 高校体育教学的目标与原则

对于高校阶段的高校体育教学目标而言，主要是为了对中小学阶段高校体育教学目标进行巩固与提高，即体育锻炼的思想、体育能力与体育习惯，对于学生科学、积极、主动参与体育锻炼的行为进行引导与教育，对于现代体育的基础知识、基本技术和技能、方法进行巩固；使学生体育锻炼的参与意识得到强化，使其体育文化素养得到提高。

为了能够保证高校体育教学目标的顺利实现，教学中应遵循相应的原则，如结合学生认知与心理特征，整理教学内容，设计易懂课程，并选用高质量教学视频。同时，建立宽松民主的交互学习平台，及时反馈，有效解决问题。重视个体学习发展，发挥学生主体性，鼓励学生自我分析、解决问题，提升自我认识与技能。

3. 高校体育教学程序与学习程序

将翻转课堂教学方法引入高校体育教学的全新高校体育教学模式，其主要基础是优质的交互学习社区与视频资源，因此，可以将高校体育教学程序与学习程序进行如下的设计：对于高校体育教学内容进行预习；对于高校体育教学视频有针对性地进行观看，再进行示范、讲解；使学生学习动机得到激发，对学习过程中的问题进行发现；在课堂教学中由教师对新课进行讲授，对于学生的疑惑进行解答，并进行示范；学生自主进行练习与实践，对体育学习效果进行巩固；对体育学习效果进行反馈，由教师、学生进行评价；通过资源拓展完善、知识和技能结构的扩展，以及反复练习实践对理解与训练效果进行加强。

4. 高校体育教学的实现条件和教学资源

近些年来，慕课教学平台的快速发展与互联网的广泛普及，为翻转课堂高校体育教学模式的实施创造了良好的条件。然而，对于现代高校体育教学来讲，我国的高校体育教学相关视频与学习资料还是相对较少的，所以，我国的体育教师应该从体育课程与教学内容出发，自行制作与设计高校体育教学资源。对于高校体育教学内容而言，主要有理论教学内容与动作讲解、演示的视频，保证体育练习活动的理解性与课余训练活动的实践性。既要有动作示范的要领分析，又要有训练实践的记录视频，此外，还要有拓展性的教学资源和学习资源，以及专业性的研讨问题等。不仅如此，体育教师在组织学生观看教学视频、开展练习活动和训练活动的同时，还要保证在交互平台体育教师能够对于学生的疑惑及时地进行解答、讨论与指导。

5. 高校体育教学效果与评价

将翻转课堂教学方法引入高校体育教学的全新高校体育教学模式，其实施能够使学生学习体育的兴趣得到激发，使学生自主发现、学习、探索、分析、解决问题的综合能力得到培养，同时促进学生技术和技能的提升，并且还能够有效促进学生自主学习能力、社会发展适应能力、互相合作能力的发展与培养，体育名师应该通过交流与活动对学生的学习情况与进度实时地进行了解，还要对反馈信息及时掌握，同时再从所获得的情况出发，适当地进行引导，对学生的学习积极性进行鼓励并充分调动，在高校体育教学与讲解活动开展的过程中，针对不同的学生因材施教。将翻转课堂应用在高校体育教学中的相关活动适宜于小班教学，所以，在大班教学中一般很难实施。而对于学生的评价而言，需要注意的是，它同其他文化课程是不同的，在对其学习好坏进行衡量的时候，不能单纯地将考试成绩作为标准。在学校体育教学中，应该对"健康第一"的指导思想始终坚持，同时，还要在体育考试的各个环节中渗透"健康"的标准，对于标准化的项目应该适当地减少技能考试，同时，还要有效改进高校体育教学的评价标准，尽可能地避免学生由于害怕考试而出现厌学心理与逆反心理，此外，对于学生应该积极地引导，使他们加强对高校体育教学的相关认识，使学生养成体育锻炼的良好习惯，并且积极构建同高校体育教学目标相适应的人性化测试体系。

第四章　体育教学发展的展望

第一节　体育教学目标的统一与协调

体育课的场地、器材等，对体育课程目标、课程设置、课程设计思路以及课程任务都有很大的促进和帮助作用。马克思说过："人创造环境，同样环境也创造人。"[①]《列女传·母仪》中记载的"孟母三迁"也说明了环境塑造人的重要性。教学环境影响着教学过程的组织与安排，体育教学环境是体育教学系统的必要条件，并且影响着体育教学系统。本节重点论述了体育教学环境和体育教学系统的关系，阐述了两者如何协调应用才能达到最好的教学效果。

---

① 马克思，恩格斯. 德意志意识形态 [M]. 北京：人民出版社，2018.

一、体育教学环境的概念

（一）体育教学的物质环境

无论是学习还是生活都离不开环境。体育教学需要的环境主要包括运动的场地和体育器材，否则全面深化教学改革，推进素质教育，加强学院普通体育课程建设，提高体育课的教学质量就成了一句空话。课前准备器材时，要根据课堂的内容，注意因地、因时而异。如田径场红色的跑道、绿色的足球场都可以提高中枢神经的兴奋性，使学生有一种跃跃欲试的冲动。乒乓球台、羽毛球场的采光、空间、通风都会给练习者积极的影响。上理论课，如课桌椅、实验仪器、图书资料、电化教学设备等，这些是开展体育教学活动的必备条件，对完成体育教学的任务起着重要的作用。为了方便教学，体育器材保管室应设在离运动场地较近的地方，房间应通风，光线较好，器材按项目分类存放，随时检修器材，保障运动安全。

（二）体育教学的心理环境

上体育课，老师往前一站，摆出一副师道尊严的面孔，会给学生很大的压力。他们因为怕老师，身体有病也不敢向老师反映，造成很严重的后果。因此，老师上课前要整理好自己的情绪，要心胸豁达，真诚而不盛气凌人。当教师热情鼓励的时候，学生更有创造性。当学生把老师看作是一个热情又有同情心的人时，课堂里同学之间更容易分享喜悦和感情，教师的热情与学生对体育的兴趣及学生完成运动的密度和强度有着很大的关系。采用多媒体教学，如学习之前将技术动作放慢、定格。看完录像后，组织学生进行讨论，再进行示范，学生练习后再进行讨论，因为有一种小老师的感觉，他们自己会想办法克服很多困难。学生最不愿意跑步，觉得枯燥。教师可以采用4人一组，以比赛竞争、团队参与的形式进行，如蛇形跑、变速跑、追逐跑等。投掷的练习可采用单手投、双手投、向前投、往后投、画方格投等。练习力量时，准备几个不同重量的沙袋，根据学生的实际情况选择，采用20米的往返跑等。利用上课的时间进行班级与班级比赛，可以加强学生的参与主动性，提高团队合作的能力，增强学生学习的积极性，减少对老师的依赖。

（三）体育教学活动中的语言环境

只有爱学生，与学生打成一片，才能了解到学生的喜怒忧乐、兴趣爱好、希望要求。注意心理修养，善于控制和表现自己的情绪。无论在课外遇到什么不顺心的事,在走进教室之前,一定要使自己恢复常态,不能把自己糟糕的情绪传染给学生,更不能向学生流露甚至发泄。语言的速度,对于教学效果的好坏有直接的影响,因此要认真地探索和把握最科学、最合理的教学语言速度。语言是人与人之间传递信息最为主要的方式之一,体育教学中教师与学生之间、学生与学生之间语言的交流十分频繁,语言的交流中包含着丰富的信息,因此良好运用这一工具对于提高体育教学质量作用十分明显。实践表明良好的课堂语言环境对于体育知识、体育技能的传授十分必要。

二、体育教学系统的概念

体育教学系统是各体育教学要素以一定的结构形式组织起来的,具有各单一体育教学要素所不具备的某种功能的教学统一体,它包括以下几个系统:

(一)体育教学内容系统

据教育部《关于印发全国普通高等学校体育课程教学指导纲要》文件的精神,结合高校人才培养的目标,以教学改革为根据,以学生为主体,以健康为主题,以服务专业为方向的新理念，采用以人为本、强化人体练习、突出个性发展。普通高校按照树立"健康第一，终身体育"的学校体育教育思想，通过传授体育知识、运动技能，达到全面增强学生体质，增进身心健康，培养学生良好的意志品质和素养，养成终身体育的锻炼习惯。

（二）体育教学方法系统

从上位层次看，包括模式教学、模拟教学、程序教学。从中间层次看，上课时老师通常先讲解，再向学生提问，同学生一起讨论，教学中运用语言指导学生学习，达到教学要求的方法，这些都是用语言传递信息的讲解法、问答法和讨论法。老师示范以及帮助学生纠正动作错误是体育教学中通过一定的直观方式，作用于人体感觉器官、引起感知的一种教学方法，即动作示范法。练习中教师为了纠正学生的动作错误所采用的方法，即纠正动作错误与帮助法。根据练习任务的需要选择若干练习手段，设置若干个相应的练习站（点），学生按规定顺序、路线和练习要求，逐站依次循环练习的方法，即循环练习法。各种教学方法的运用具有教育性、发展性、科学性、多样性等特点，这样才能体现整体化思想，达到最佳教学效果。

（三）体育教学负荷系统

运动负荷是指人做练习时所承受的生理负荷。运动负荷包括运动量和运动强度两个方面。在体育课上只有运动负荷保持适宜，才能收到较好的教学效果，运动负荷过小过大都不行。过小，则达不到锻炼的目的；过大，又超出了学生身心所能承受的限度，对学生身心健康和教学任务的完成都十分不利。因此，合理地安排和调节体育课运动负荷是对体育教师教学的一项基本要求，也是评价体育教学和体育活动锻炼效果的一项重要指标。课堂教学中最常用到的运动负荷测量方法除了脉搏测量，还有询问法和观察法。据瑞典生理学家研究，当询问学生锻炼后的自我感受，学生回答"累极了、很累、有点累、还行、很轻松、非常轻松"时都有不同的心率，而这些心率和回答之间有着极明显的对应关系。这样教师就可以利用学生的回答来判断学生承受运动负荷的情况。采用观察法可以直接简便地知道学生的运动负荷情况，教师可以通过观察学生的脸色、表情、喘气、出汗量、反应速度等表现来判断所承受运动负荷的大小。比如当学生承受较小负荷时，额头微汗、脸色稍红；承受中等负荷时，脸色绯红、脸部有汗滴下；承受过大的运动负荷时，脸色发白、满头大汗、动作失控等。所以，安排运动负荷时要以学生发展为中心，重视学生的生理和心理感受。在体育课上，可以通过调整练习的次数和组数、练习的强度和时间、器械的坡度和阻力，也可以通过改变课程的组织教法等来对运动负荷进行合理的调节。

（四）体育教学评价系统

体育教学评价系统包括学生学习态度的评价，学生行为表现的评价，防止违纪行为的升级和负面作用的扩散，学生掌握知识与技能的评价等。坚持主体取向的评价机制，开放的教育需要开放的评价、量性评价与质性评价，行为评价与心理评价的有机结合，由重视结果向重视过程转变。

三、体育教学环境和体育教学系统的关系

在体育教学中，体育教学环境对学校体育教学系统的影响，既来自学校内部环境，又来自学校外部环境；既来自学校的物质环境，更来自学校学生和老师的心理环境。而体育教学系统反过来也可以影响体育教学环境，它们之间是相互制约、相互影响的。

四、体育教学环境和体育教学系统的协调统一

在体育教学中,要达到更好的教学效果,完成既定的教学计划,那么体育教学环境和体育教学系统两者之间是缺一不可的,只有两者协调统一才能为体育教学更好地服务。

(一)充分了解当前体育教学环境现状

教师在体育教学中一直起着一个引导的作用,主要表现在:了解教学目标、制订课时计划、规划教学设计、优化教学方法等。当然这些都必须建立在了解当前教学环境的基础上,教师不仅要了解当前教学的物质环境,还要了解学生当前的学习需求,而不是仅仅停留在课本上,还应该对整个教学环境进行设计。

(二)保持体育教学环境和教学系统的动态平衡

在体育教学中,体育教师既要让体育教学系统适应体育教学环境的变化,也要尽力去改变当前制约体育教学系统发展的环境因素,使两者在动态上保持平衡,为更好达到体育教学目标而服务。

第二节　体育教学内容的选择与开发

体育教学课程资源的开发和利用最重要的是教师的课程资源观和课程资源的开发意识，只有理解什么是课程资源，才有可能开发课程资源。

一、对体育教学课程资源的认识

合理开发与有效利用体育课程资源是体育课程目标达成的必要条件，也是体育课程改革的有力保障。由于地方经济和文化发展的不平衡，体育课程只有符合地方经济并地方化，才能提高体育课程的适应性，才能更有效地发挥体育课堂的本色。

在这里，首先要了解体育教学课程资源的这个概念。所谓"课程资源"，无疑是受教育技术和远程教育的启发而由教学资源和学习资源演变而来，但它在教育技术和远程教育界并不被经常使用，甚至有些陌生。由于课程是教学活动的基本单元，因而一切教学资源或学习资源往往都是以课程资源的形式来呈现的。一般来讲，课程资源是指形成课程的要素来源以及实施课程的必要而直接的条件。

二、如何进行体育教学课程资源的开发

首先，开发出来的课程资源要从具体学生群体和个体的身心发展特点等一些特殊情况出发，能为他们所接受和理解，符合他们的身体状况和认知规律，有利于学生的身心体验，有利于达到目标。其次，要做一个价值判断，是同学们迫切需要的、对他们显示发展最有价值的体育资源应该得到及早优先的开发。体育课程资源开发的几个途径不是截然分开的，在开发的时候需要有机地整合在一起。

（一）从体育师资条件出发

学校具备何种师资，我们的老师具备什么样的素质，他们的特长、专业是否能带动体育课程资源的开发？考虑到这些因素以后，教师们才能游刃有余地进行资源的开发。反之，由于一些学校限于师资的水平和特点，教师没有能力去开发一些学生需求比较强烈，比较感兴趣的体育课程资源，它就成了前进

路上的一个障碍,在很大程度上制约着对体育课程资源的合理利用。

(二)从学生的现状考虑

体育课程资源的服务对象是学生,因此需要关注学生的身体发展,这主要着眼于以下两个方面:

(1)学生身体状况的调查。在开发课程资源时,必须对是否能使其接受新开发的体育课程资源进行考虑。不同学生的身体状况水平都是不一样的,这不仅关系到开发的广泛性,还影响到开发课程资源的内容选择。

(2)要使学生积极参与进来,不仅要找到学生感兴趣的课程资源,也需要课程资源适合学生,如此,学生既愿意参与进来,又可以充分调动学生的积极性。这样的体育课程在某种意义上来说是最适合学生的。所以,在开发时,我们要从学生的角度来看待周围的一切,要寻找学生的兴趣所在,力求开发出来的体育课程资源是"学生化"的体育课程资源,这样才能使学生完全融入课程资源中,不能使课程资源老是一味地"教师化",否则就失去了教育的意义。

三、体育课程资源开发案例

1.【案例】人力资源的开发——体现团队精神的集体负重跑比赛

活动目的：通过集体负重跑比赛，使学生热爱体育活动，增强体能，培养团队竞争精神。

活动准备：包括场地的选择、学生负重物的准备、裁判人员的安排、工作人员的安排。

活动过程：参赛以班为单位，按规定时间跑完全程；安排好裁判工作；比赛开始，学生到达终点时，按名次顺序发放名次牌。第一名记1分，第二名记2分，依次类推。组（班）积分少者名次列前；统计各组（班）比赛名次和积分，排定团体名次；宣布团体名次，颁奖；活动讲评。

建议：体育教师应多开发这类小型的集体活动使全校的教师（包括校医）都参与其中，充分调动学校的人力资源为体育比赛服务。

2.【案例】民间体育课程的开发

（1）跳绳

跳绳可以分为三类：①技巧性跳绳，单脚跳、双脚并跳、换脚跳、反手跳等多种花样动作。②游戏性跳绳，娱乐为主可以边跳边伴唱。③快速跳绳。跳绳方式大体分为个人与集体两种，鱼贯顺序跳、多人同跳等都是集体跳绳。

（2）踢毽子

踢毽子有花样技巧比赛，常以肩、背、胸、腹、头与双脚配合，做各种姿势，使毽子经久不落地，缠身绕腿，翻转自如。踢毽子的基本技巧有三种，即"盘""拐""蹦"，还有"苏秦刺背""八仙过海"等各种名称。集体比赛时还附加远吊、近吊、高吊等踢法以决胜负。一般踢毽子都在冬季进行，天气寒冷，活动可以暖身。

（3）跳牛皮筋

跳牛皮筋是一项准确、熟练，连贯协调，舒展自如，节奏感强的项目。基本动作有点、迈、顶、绕、转、掏等。一般分为三个高度：将牛皮筋举至与肩齐平；两臂自然下垂拉牛皮筋；一臂上举拉牛皮筋。并有单人和集体两种跳法。此游戏以女孩玩耍较多。以细牛皮筋结成绳子，长约三四尺，两人各扯绳一端，随着牛皮筋的上下弹动，一人跳或数人跳。在动作的基础上联合而成花样。

（4）抽陀螺

陀螺的种类有木质、竹质、陶质、石质，抽陀螺可进行竞赛，一人不停抽击，抽到陀螺停止为输，再由另一人继续抽击。这种游戏是用一条绳鞭抽打一个圆锥体玩具，使它在平滑的地面上不停旋转。

3.【案例】体育器材的组合开发

（1）校园"保龄球"

校园"保龄球"是由实心球与"手榴弹"组合成的一项运动，是体育课中常用的教学内容，其教学方法比较简单。在一块空地上一端放置"手榴弹"（或矿泉水瓶），可以排成许多形状，另一端学生手拿实心球，在教师的指挥下进行练习。

（2）嗒嗒球

是将乒乓球与羽毛球有机融合在一起的一项体育运动，称为"嗒嗒球"。这项运动不受场地限制，而且适合各种年龄的人群参与。它将乒乓球的推、抽、搓、扣、拉球打法与羽毛球的吊、挑、扣等各种技术结合起来，在网上往返对击，以把球击落在对方场区内为胜。比赛时采用乒乓球记分法，五局三胜制。

建议：应该说嗒嗒球是体育器材组合开发中最成功的案例，其充分地结合了两种体育器材的特性。嗒嗒球一半像乒乓球，一半像羽毛球，以其携带方便、不受场地限制、运动趣味性强、易普及推广的独特魅力，正吸引着越来越多的人加入其中。

学校要根据教学实际情况及学生发展的需要，广泛利用校外体育资源以及丰富的自然、人力等资源，积极开发、利用信息化的体育课程资源。体育课程资源多种多样，重视校外体育课程资源的作用，从实际情况出发，发挥地域优势，强化学校特色，展示教师风格，因时、因地、因人制宜地开发与利用体育课程资源。

第三节 体育教学方法的运用与创生

高校是我国培养高等人才的关键基地，近些年来，我国政府对于高校教育问题也日趋关注，希望各大高校可以在一定程度上培养出综合实力更强的复合型人才。对于高校体育教学而言，也需要在创新的教学方法基础下，改良教学方法，推动教学实践，不但可以让学生的身体素质有一定程度的提升，也可以促进他们的思维和创新能力，让学生养成健康的生活习惯。

一、创新教育理念下体育教育方式运用现存的弊端

（一）体育教育重视程度不够

由于受到应试教育的影响，在学习中对体育课程往往缺乏重视，时常会发生体育课程让步于其他课程的现象，从而使得创新教育观念下的体育教育方式很难取得实质性的运用与贯彻。并且，在教学模式上体育课程也具有一些缺陷。创新教育观念需求体育课程发挥提高学生体质的作用，然而依据当前的状况而言，体育课程在这方面的作用并没有完全展现出来。而且，

目前体育课程课本并未实现一致，课程内容也不规范，并且老师传授知识的范围与学生了解的程度需求也没有规定，进而致使许多体育老师在授学过程中只是单一地教授老旧且落后的体育知识，缺少创新的观念，而部分老师为了防止学生在体育课中发生意外，在教学方式的革新上顾虑较多，从而一定程度上妨碍了创新教育观念下体育教育方式的实行。

（二）学生体育活动时间普遍缺少

经过长时间教育习惯的积累，致使大多数家长与老师均形成只注重成绩而轻视其他方面的思想理念，认为时间不该浪费在上体育课或者是课外活动上，应该专心致志地学习其他课程，从而致使学生体育活动时间普遍缺少，学生的身体素质与运动观念较难得到提高，使大多数学生在体育教学中出现抵制以及缺乏兴趣的现象，这种现象导致创新教育观念下体育教育方式的运用受到了限制。

二、创新观念的体育教育实施手段

（一）根据学生的兴趣与资质进行不同的教育

体育这门课程对学生将来的发展同样起着重要的影响，高职院校的学生尽管价值观以及人生观都逐渐养成，然而通过合理的指引也还可以出现一些良好的变化，如若可以运用高职院校体育课来针对学生的身心实施合理的指引，将会对学生将来的发展起到较大的作用。在高职院校体育教育中依据学生不同的兴趣与资质进行不同的教育，能够一定程度上增进学生身心的发展，使其在体育磨炼过程中增强自身的自信。而在体育教学实际操作的过程中，每位学生的心理状况以及身体素质都存在差别，一些学生的体质比较好，并且综合方面都比其他学生要好，如若让其与其他学生完成相同的课程任务，常常会使其感觉到运动的强度太低，没有较好的锻炼效果。然而一部分学生的体质比较弱，体育课上的运动强度使其感觉到适应不了，并且在看到其他同学可以成功达成训练目标时，自己却完成不了，其对于体育的热情则会逐渐降低，甚至使其在体育教学中出现抵制或是缺乏兴趣的现象，从而一定程度上影响到创新教育观念下体育教育方式的运用。

（二）集思广益，相互激励

一般情况下，为使学生的身体素质以及思维能力协同在体育教学中取得一定程度的增强与磨炼，老师还可以运用集思广益与相互激励的方式，使学生通过协助的方式来互相鼓励，一同完成课上教师布置的任务。并且，老师也可以给学生制定一些与体育相关的问题，然后以小组的形式进行探讨与思考，自由地发表自己的看法与想法，在互相协助的情况下解答教师布置的问题。但是，在过往的体育锻炼中，往往是由老师示范相关的动作要点，学生自主进行操练，较少会给学生留有表达自身看法的机会，这实质上完全不利于学生创新性思维的提升，但是运用相互激励与集思广益的方式就能够一定程度上促进学生创新能力的发展。

（三）情景教学，提高效率

情景教学方式指的是在体育教学的过程中，先运用恰当的方式把学生引入相关的情景当中，使其具有一种身临其境的感觉，从而使体育教学更具创新性。而一部分体育老师认为情景创建比较适合低年级学生，对大学生而言，没有具体的可行性，然而实际上，如若可以在高职院校的体育教学过程中应用情景教学方式，也可以起到鼓励学生的作用，使学生对知识可以较好地掌握与理解，从而对体育锻炼更具有兴趣与热情。

总而言之，本节主要对创新教育理念下体育教学方法基础理论以及实践进行了充分的研讨。在当前的创新教育理念下，强化高校体育教学方法理论与实践，从当前的学校以及学生实际情况入手，创造出更多的全新的教学方法，只有这样，才可以更加满足人才培养的需求，培养出更多符合要求的综合型的人才，使学生的身心实现综合全面的发展和进步。

第四节 体育教学手段的使用与创新

在教学过程中，有效的教学方法不仅能调动学生的学习兴趣和练习的积极性，更能实现体育课堂教学的有效性，从而达到高中体育课要坚持素质教育和健康第一的指导理念，增强学生身体素质。为了实现这个目标，老师要积极结合学生在生活中比较感兴趣的事物，注重学生的个体差异，运用灵活多变的教学模式来创新体育课堂。下面我们就从创新教学手段的作用意义、策略、实施成效、注意事项等几个方面进行阐述。

一、创新体育教学手段的作用与意义

高中体育课堂教学手段的创新，并不仅仅是为了顺应新课标的要求，更是为了满足学生的需求，对于高中生的发展也有积极的作用与意义。创新教学手段可以在很大程度上促进学生的身体素质提升，提高他们的运动技能。在高中的学习过程中，由于学业比较紧张，课程安排比较紧凑，大部分的学生在每天的学校生活中，几乎都离不开自己的课桌。这样对学生的身体素质培养来说就是一大隐患。那么在体育课堂上通过教学手段的创新，就可以吸引学生的注意力，让学生从繁重的学习压力中解放出来，放松身心，振奋精神，通过积极投入，增加锻炼，提升身体素质。

二、创新体育教学策略

（一）师生角色互换，突出学生主体地位

传统的体育课堂教学以教师讲授为主，学生获得运动技能为目标。但是单一固定的课堂教学模式容易使学生疲倦，不利于调动学生学习的积极性，更未能突出学生在学习中的主导地位。德国著名的民主主义教育家第斯多惠曾说："教育的艺术不在于传授的本领，而在于激励、唤醒和鼓舞。"[①]师生角色互换，教师成为课堂教学的引导者、服务者，学生成为课堂的真正主角，能极大地调动起学生参与的积极性和主动性，唤醒学生自我实现的内在愿望，能有效提高课堂教学效率，促进学生综合素质的提升。

角色互换可以安排在课堂教学开展前，老师根据教学内容，

---

① 第斯多惠.德国教师培养指南[M].袁一安译.北京：人民教育出版社，1990.

结合班级的实际情况，对学生进行分组。学生在准备的过程中，结合自己的能力水平和兴趣爱好，充分发挥主观能动性，通过多途径，如利用教材、向老师咨询请教、通过网络资源等方式，了解掌握教学内容的相关知识点，设计教学方案，然后在实践中展示这一堂课。这一过程可以极大地培养学生发现问题、解决问题的能力。

同样在教学过程中，我们也可以角色反转，老师从"学生"的角度来提问。例如，在田径教学中，笔者曾向学生提出"推铅球的方式有哪几种"的问题，然后让学生独立思考或小组讨论，最终学生给出了"侧向原地推铅球""上步推球""侧向滑步推球"等不同答案。这样的教学方式，不仅能极大地调动学生参与课堂的积极性，而且培养了学生的创造性思维，让其体会到探索创新的喜悦。

（二）情境教学，使教学更具目的性

情境教学法是指在真实的情境中，使学生通过切身的运动实践、运动欣赏等体育行为，提高运动能力，加深运动感悟，促进体育价值观形成的教学过程。其主要特点表现在情境的真实性、开放性，以及感受的深刻性、持久性。

情境教学法与传统的技能教学不同的是：教师不是从基本的动作教起，而是从项目整体特征入手，然后再进行具体技能学习，最后再回到整体的认识和训练中，突出主要的运动技术，而忽略一些枝节性的运动技术。注重在实践中培养学生对项目的理解，把技术运用到"尝试性比赛"中，引导学生懂得如何学以致用。

比如在球类技战术教学中，让学生进行实战观摩，通过看比赛片段、动态图的演示、图文的讲解等方式，结合实战向学生演示一些技战术的配合和应对的方法，既培养学生全面观察情况，把握和判断时机以及临场的应变能力，又能使学生最终可以根据所学的技术和战术，判断出"做什么"和选择最佳的行动方案——"如何去做"。

例如篮球技战术的教学——挡拆配合。对NBA（National Basketball Association）比赛中配合的技术进行截取，用慢速播放形式展示，然后学生分组进行比赛，强调比赛时尽量用挡拆配合，在此时老师可以拍摄学生配合的过程。总结时进行视频回看并向学生提问，在运用这个技战术中注意的事项，引导学生了解挡拆配合的要求：快速移动，准确卡位，把握时间，正确拆分。老师再示范讲解动作,并在此过程中提出学习的重难点,侧掩护时脚要站稳,不能移动挡拆,挡拆到位后手臂的摆放等,最后再分组进行挡拆练习。这样使学生学练更有目的性,课堂效果更显著。

(三)使用运动 App,综合构建体育课堂

随着我国科技的进步,信息化技术的发展,大量的新事物进入我们的生活,给我们的生活带来了便利。在高中的体育教学中,为了促进教学手段的有效性,老师就可以将新鲜事物与实际教学结合起来,利用和体育教学相关的 App(Application),进行课堂教学。这既符合学生的心理需求,又能促使其把更多的注意力投入课堂,提升参与度,从而实现教学的有效性。同时在兴趣推动力的基础上,能使学生多去练习,做到自我比较评价,将自己的运动技能水平进一步提升。

比如,在进行 24 式太极拳教学时,老师就可以利用"24 式太极拳"App。将学生进行分组,每组配备一个手机或电子平板设备,通过 App 里面的太极拳概要简介,先了解太极拳的特点;再集体观看视频,建立对拳术的整体印象和概念。在观看过程中,老师引导学生关注太极拳的特点在视频中的体现——心静体松、

圆活连贯、虚实分明、呼吸自然。最后，让学生通过图文讲解，自学动作，小组协同合作初步掌握动作的框架。在此基础上，老师再介入讲解示范教学，学生掌握技能自然就事半功倍。

课后老师还可以布置练习，让学生再次通过 App 去复习、巩固、提高，在下一次的课堂中以小组形式进行展示，这样既使课堂学习有了延伸，也使学生技能的掌握和提升会变得更好。当然在教学过程中要引导学生合理使用电子设备，仅限课堂内使用，鼓励放假后回家通过软件继续学习、复习提高，自学将要新授的课堂内容。

我们还可以合理利用抖音小视频，设计合理的体育项目。

抖音小视频在年轻人中十分流行，体育老师就可以积极利用它，设计新颖有趣的体育项目。这样不仅可以激发学生的兴趣，调动学生的积极性，更能促进他们对体育项目的喜爱，主动参与体育项目的锻炼，从而达到增强他们的身体素质的目的。但在这个过程中，老师要注意度的把握，不能让学生形成依赖。

比如，老师可以选择一些符合学校现有教学条件和环境的体育项目，让学生根据自己的兴趣进行挑选，选择最多的那个项目,就是下一节体育课的主要教学内容,这样既尊重了学生的意愿,又充分满足了学生的心理需求,也有利于体育课堂有效性的实现,并且在教学过程中老师还可以将同学们活动的过程拍成抖音小视频传到网上。这样既是对学生的一种肯定,也有利于对抖音小视频的合理利用。

这样有效合理地使用 App,既促进了教学手段的创新,又构建了良好的教学氛围。

(四)利用积分制管理,科学评价学生表现

(1)设置"积分":教师在设计教学目标和内容时,将一个技能模块设定为一个单元,根据技能难易程度,结合学生的运动能力水平,设定为掌握、基本掌握、未掌握三个等级,分别以 3、2、1 进行量分。

(2)得分原则:形成牢固动力定型,做动作熟练、省力、自如,即为掌握;技术动作有改进,动作规范,基本上建立动作定型,即为基本掌握;动作吃力、不协调,动作间有干扰现象,并伴随着一些多余动作,肌肉紧张,即为未掌握。

(3)运作方式:模块教学结束,安排课堂内测评。可以根据运动项目和内容的不同,运用多种方式。武术项目如五步拳,

可以在东南西北四个角背向而立,独自演练,老师和学生互评结合。田径项目如蹲踞式起跑技术,分组沿跑道线模拟起跑,从器械调整、重心控制、起跑的步伐等方面考评。

(4)积分统计:老师记录测评课同学的得分,按比例折算计入期末总分。

(5)激励办法:每个模块测评结束,老师和学生以互评相结合的方式,评出"模块之星",学期评选"课堂优秀之星"进行表彰,学生所有积分结果将作为评优评先的重要参考依据。

积分制管理的实施,使学生更加有学习的动力,积极性和主动性得以提高,有利于激发学生之间的竞争意识,完善了教学中的评价体系,为提高创新教学手段的有效性奠定了基础。

三、创新体育教学手段的注意事项

(一)与教学实际要紧密结合

创新的教学手段要符合学校实际,与学校的资源配置和学生实际的运动能力水平相符合。如教学手段与学校现有的教学资源相脱节,就会在教学的实施过程中,导致教学工作无法顺利开展；教学手段的教学难度与学生现有的运动水平能力不符，就会导致学生空有体育理论知识，但对实际运动技能的掌握和提高并不理想。

（二）教学手段与学校规章制度要相协调

为了激发学生学习体育的兴趣，有些老师倡导运用一些与体育项目相关的手机软件，这固然可以提高学生进行学习锻炼的兴趣，但也增加了学生对手机的需求。这一现状的出现就与许多学校的规章制度相违背，因此教师教学过程中要合理地处理好这两者之间的矛盾，保障学校教学秩序的正常进行。

（三）创新教学过程要紧扣主题

不同地区的高中学校教学水平参差不齐，对体育学科认识也不充分，创新教学手段就有可能因为这些因素，造成教学偏离主题。比如学校倡导老师要学会放手，让学生通过多媒体课件自主学习，有一部分老师就会完全让学生观看体育视频，自己则在课堂上完全不参与，过分强调学生的自主性，忽视老师应该承担的指导责任，这就是偏离主题的表现，不利于学生的健康发展和课堂的有效性实现。

（1）注意师生安全

创新体育教学手段，丰富体育课堂内容，但对课堂的安全性也提出更高的要求。教师要考虑学生的个体差异，设计科学合理、难易程度得当的教学内容和教学过程，要加强安全教育，落实课堂常规，对学生练习中的错误动作要及时纠正，场地、器材安排布置落实要到位。

（2）注重教学质量

在教学过程中，教学质量永远是学校以及老师所关注的重点。那么在创新体育教学的过程中，为了保障教学质量，学校就可以采取调查问卷和对比观察的方法。通过调查问卷的方法了解学生对教学手段创新的喜好程度、欢迎程度；通过对比观察的方法，对使用创新与传统不同教学手段的班级进行比较，从学生课堂的参与度、技能掌握度、身体素质提高等方面做出参照，再结合每年的体质健康数据测试，进行综合对比，用数据来体现。

综上所述，创新体育教学手段是提高体育课堂的有效手段，并且保障创新体育教学手段的有效性也是学校需要努力的方向，只有保障了教学手段的有效性，才可以确保课堂的有效性。

第五节 体育教学模式的多元化发展

　　一直以来,高校体育是我国整个教育体系中非常重要的组成部分,它是连接学校教育与社会教育的重要枢纽。今天越来越多的人已经开始认识到终身体育思想的重要性。随着终身体育思想的普及发展,如今,终身体育思想已经渐渐成为现代人们社会生活的理想追求。终身体育思想也在学校体育中被予以充分的重视与运用,而高校作为学校体育教育的最后阶段,是培养学生终身体育思想与习惯的重要平台,同时也为学生将来走向社会,并在社会生活中培养终身体育习惯与行为打下坚实的基础。高校体育教学模式是高校体育教学的基本结构,其中凝聚了高校体育教学理论核心,是一个具有操作性与实践性的体育教学框架。在当前高校体育教学改革的过程中,通过对多元化体育教学模式的构建,不仅有利于培养大学生健康的身心素质和持久的体育思想,从而实现大学生身心素质的全面发展,同时也符合当今时代对于综合素质全面发展人才的需求。

一、高校体育教育中多元化教学模式的重要作用

在当前的高校体育教学过程中,通过对多元化、富有成效的新型体育教学模式的运用,充分体现学生在教学过程中的主体性,鼓励并引导大学生积极参与体育教学过程,增强学生参与体育活动的主动性,从而提高学生的参与度,使得学生在彼此之间的互动与交流中学习体育理论并提升体育技能,有利于培养学生的实践能力和团队协作能力,同时也有利于激发学生对于体育课程学习的兴趣与热情,从而增强学生的体育学习效果,最终实现体育教学目标。在高校体育教学过程中,在实施多元化体育教学模式时,要充分挖掘并利用已有的体育教学资源,对体育教学模式进行适当的改革与创新,增强体育教学模式的新颖性、多样性与有效性,并积极引入符合学生身心发育特征、受大多数学生欢迎的体育活动形式,在保证体育教学模式科学性与实用性的基础上,进一步丰富高校体育教学模式,从而促进高校体育教育事业的高水平发展。高校体育教师在体育教学过程中,开展多元化教学模式的时候,还应该充分了解并掌握当地学生的具体实际情况,探索出科学合理且具有特

色的体育教育形式,以更进一步地丰富整个体育教育体系,对体育教育相关资源进行充分挖掘与有效整合,并且还可以在整个教学过程中,适当融入一些具有趣味性的元素,以实现体育教学过程的趣味化与特色化,最终促进高校体育教学有效性的提升。

二、体育教学模式多元化的必要性与可行性

（一）体育教学模式多元化的必要性

多元化已经成为当今社会多个领域发展的普遍追求。在学术领域中,多元化发展为学术理论的生存与发展提供了比较广泛的空间。在如今的社会中,传统的绝对主义思想已经被多元化发展思想取代,渐渐失去了其存在的意义。在当今信息时代背景下,多元化发展思想推动着现代教学模式的合理化与科学化发展。所以,在新时期,对于高校体育教育而言,非常有必要顺应时代发展的需要,自觉改变过去传统单一的体育教学模式,并结合本校发展实际,充分挖掘、利用、整合当地教育资源,探索出多种符合实际的新型体育教学模式,进一步丰富体育教育体系,以实现体育教学模式的多元化发展,从而促进高校体

育教育整体水平的有效提升,这是当前高校体育教育过程中非常重大的举措。

(二)高校体育教学模式多元化的可行性

1. 课程行政主体的多元化

我国教育部于2001年颁布了义务教育《体育与健康课程标准(实验稿)》,该课程标准中提出要对课程管理的权力进行下放,与此同时,还提出了三级课程管理体制,具体地说,就是建立国家、地方与学校共同管理的课程体制。对于学校而言,将有更多的自由与权力来管理体育教学内容与教学方式等。我国教育行政主管部门所制定的新课程标准与传统的教学大纲相比具有比较明显的差异,主要表现为只是制定了教学目标,而对具体的教学内容没有进行详细且硬性的规定。该课程标准还将体育教学目标进行了适当的划分,分成了五个领域和六个水平。但是对详细的评价方法与可行性的评价方案没有进行具体明确的规定,而是交给高校和体育教师来自行设定。总之,该体育课程标准的实施,为高校体育教学模式的多元化发展提供了良好的政策环境。

2.对传统体育课教学模式的反思

在传统体育教学中，主要教学目的在于提高学生的体能素质，并向学生传授运动技术，在传统的课堂教学中，主要运用的是一种教师讲解示范—分解练习—完整练习—熟练巩固的教学模式，在该模式下，主要是以学生的运动技能形成规律为基础的。尽管这种传统的体育教学模式有利于增强学生的身体素质，有利于提高学生的运动技能，但是缺乏一定的针对性，不利于学生综合素质的全面发展。该模式没有充分尊重学生的个体差异性，也没有充分考虑不同学生的实际情况，这种单调传统、缺乏针对性的体育教学模式导致很多对体育运动感兴趣的学生不乐意上体育课。由此可见，这种传统单一的体育教学模式不利于学生体育素质与综合能力的全面发展。基于这样的情况，作为高校体育教学工作者，应该积极创新，勇于探索，自觉培养自己的创新意识与探索精神，并根据时代发展需要，结合现代体育教学理念，构建出多元化的新型体育教学模式，从而培养出符合时代发展需求的复合型人才。

三、新时期高校体育教学模式多元化发展的策略

（一）加深对体育教学模式多元化的认知

在当今这个信息时代背景下，各大高校应该积极转变自己的体育教学理念，学习并引入先进的教学理念，在传统的体育教学评价中，教师只是将学生的成绩作为评价学生体育能力的唯一标准，这种评价方式缺乏一定的科学性与全面性，难以对学生进行客观公正的评价，因此，在新时期，高校体育教师在注重学生体育能力的评价时，还应该注重学生身体素质、心理素质等多方面的评价。因此，在体育教学过程中，高校与体育教师应该重新审视信息化教学的重要价值，充分认识体育教学的重要性，适当提高体育教学的地位，实现其学科地位的提升，要想做到这一点，首先就需要高校体育教学工作的管理者充分认识到体育教学模式多元化发展的重要性，只有如此，才能使高校体育教学工作者积极转变过去传统的教学理念，在体育教学实践过程中，能够自觉运用现代信息技术。

（二）创新高校体育教学模式

在信息时代背景下，高校应该以新型的、先进的体育教学

理念为思想指导，积极探索出新的体育教学模式，高校体育教师是整个教学过程的重要主体，是整个教学活动的引导者与组织者，在整个教学过程中发挥着非常重要的作用，因此，体育教师在实际的教学过程中，应该充分尊重学生的主体性，通过在教学过程中适当融入一些趣味性元素，以激发、调动学生自觉学习体育课程的积极性与主动性，鼓励并引导学生主动探索体育学习中的奥秘，以培养学生的自主学习能力和实践能力。与此同时，体育教师还可以根据教学大纲的要求，积极开展具有趣味性的体育教学活动，例如，体育教师可以通过分组教学法与比赛教学法相结合的方式，让学生通过自由组合与比赛活动的形式，主动参与体育项目技术的学习，从而激发学生的学习兴趣与热情，最终实现体育教学效果的提升。

（三）提高高校教师的技术水平

在互联网时代背景下，信息技术已然成为推动教学发展的重要手段，而在信息环境下，高校应该加大对体育教学专业技能的训练，比如说，对计算机相关知识的培训，要求教师必须掌握相应的 Photoshop 和 Office 办公软件。同时还要学会动画制作等教学视频的制作,将教师的信息技术能力作为教学考核的重要标准,只有这样,体育教师才能够以提升自身的专业水平为根本,不断加强对信息技术的学习,定期与优秀的体育教师进行技术交流,实现共同进步。

(四)加强高校体育教学、科研经费投入

高校体育场地、器材不仅是教师选择教学内容的重要依据之一,同时也是限制大学生参加体育活动的重要因素。高校体育教师在进行教学研究的过程中,遇到最大的问题就是经费投入不够,这在一定程度上降低了他们从事科研工作的积极性。加强学校体育教学、科研经费的投入,不仅可以激发教师进行教学改革的动机,也是教改研究能够得以顺利进行的财力、物力保障,还可以激发学生参加体育运动的兴趣与热情。

(五)重视学生在教学过程中的主体地位

素质教育要求把学生作为学习的主体,强调参与、合作、尊重差异和体验成功。教师在选择体育教学模式时,应注重与学生之间的积极互动,共同发展。研究学生的身心特点,因人而异,因材施教,满足不同学生的学习需要。创设能引导学生

主动参与的教学环境,激发学生学习的积极性。努力发展学生的聪明才智和个性特点,养成自觉锻炼身体的习惯,使"主动"成为体育教学的核心,引导学生自己去掌握知识、技能,学会锻炼身体的方法,并且实现由"学会"到"会学"的转变,增强学生的学习能力,并使之可持续发展。

(六)运用模式,超越模式

在强调模式方法重要性的同时,还应充分认识到模式方法的局限性。其一,模式是在系统分析的基础上抽象和简化而成的,模式一旦构建完成,即具有相对的稳定性。在一定条件下,模式的稳定性会和不断发生改变的系统产生一定的抵触。此时模式就不具备先进的导向性了。其二,构建模式的目的在于在相同条件的区域进行推广,但是一旦无限扩大模式推广的领域和范围,就会使其与客观实际相脱离,因此模式是不断发展的,模式的推广也是有条件的。适用一切目的和一切分析层次的模式无疑是不存在的,重要的是根据自己的目的去选择正确的模式,并对多种模式进行综合运用。

综上所述,对高校体育教学模式多元化的探析,旨在改变当前高校传统的教学理念，以信息技术为依托，实现体育教学模式的创新。同时定期开展座谈会，提高教师自身的专业技术，创新教学的内容，从而更好地提高教学的质量。

第六节　体育教学的有效性与正当性

一、体育教学的有效性

我们国家长期的"应试教育"模式，导致许多学生苦于文化课的学业压力。中学阶段在学生学习生涯中所占比重很高，尤其是高中阶段，学生所要面临的高考让学校把学科的重点教学放在了文化课上，体育课容易被学校忽视，这对于学校的教育工作是不利的。体育课本就在学校课程设置中的所占比重较低，在这样被忽视的情况下，如何提升体育教学的有效性，让学生在稀少的体育课中提高身体素质，帮助他们缓解课业压力，同时又能激发学生对于体育运动的热爱，这是作为一名体育老师所要探究的问题。

（一）教学定位准确，更新教学观念

在中学教育阶段，家长老师都把大部分注意力放在学生文化课程的训练上，我们承认文化课程对于学生最后成绩的核心影响，但是不能因此而忽略体育教学的重要性。作为一名体育老师，对于如何把控好一节有效的课程教学是有度的，当然教

师对体育课程的重要性定位应该是明确的，体育课程的设置应该能够体现出学生的自主性、主动性和创造性。不管别人怎样看待体育课程的价值，作为体育老师，应该明确体育的定位是和其他四育并存的，对学生的成长是必不可少的，所以对于那些占用体育课程的现象，应该说"不"。另外，教师自身也需要去接纳新的教学理念，在观念的调整更新中改进课程教学。教师应该认识到体育教学对于学生提升身体素质的重要性，在体育教学过程中，教师面向的不是个别学生，而是整个班集体，群体性的教学难度更需要考虑全面。根据不同的年级学生的课业压力，教师要调整课堂教学的体能训练要求。教师要转变旧观念，根据学生的身体素质实况安排教学内容。体育课是开放性的活动课程，但不代表学生就能自由活动，教师应该保证每节课都提供给学生一些有科学依据的体能训练，有效的体育教学需要教师有意识地去变换教学方式，寻求自己所代表的体能训练要求和学生所代表的运动需求之间的平衡点。在课程实施过程中的实践安排固然很重要，但在此之前，教师有意识地去规划课程安排，去接纳体育教学中的新鲜观念也很重要。

（二）注重课程训练的科学性

任何一门课程的任课教师都需要专业性的支撑作为提升教学有效性的依据，体育老师也不例外。体育课程和文化课程的不同就在于它的灵活性与不确定性因素更高，体育课程很难像文化课程那样去做详细安排，这就给教学活动带来了一定难度。学生离开教室可以有难得缓解压力的时机，但并不意味着体育老师就完全给学生自由安排，怎样把控好学生放松的度以及让学生完成一定量的体育训练，这就体现出教师的智慧了。

教师除了对体育知识要有系统性的掌握，还要懂得把专业知识结合学生兴趣，科学合理地呈现在教学过程中。例如，教师在正式运动之前，做好准备活动，在选取教学内容时能够考虑到大部分学生的需求。传统的体育课程设置都是以教师诉求为主，现在我们不妨尝试做出一些改变，在进行实践运动之前向学生传授一些体育知识，通过讲解帮助学生对要学习的体育课程内容有一定了解，然后征询学生兴趣意愿开展体育安排。当然，开展任何一项体育运动之前，教师要对整节课程的安排有科学规划，本节课程要让学生达到什么程度的体能素质，为了实现这一目标又应该从哪些准备活动做起，中间又需要增加哪些额外的体能训练。体育课的开放性和运动性就决定这门学科在教学中对思维训练和肢体训练都有要求，需要教师科学安排课程内容，打破机械的体育训练，增加课程趣味性，真正让学生在活动参与中体验到体育运动的魅力所在，只有学生有参与体育运动的渴望，才能激发学生的积极性，努力配合教师的课程教学，从而提升体育教学的有效性。

（三）充分利用教具，有效利用教学资源

传统体育课程的教学方式就是让学生通过跑、跳等训练机能的发展。而随着时代的进步，在各种运动器材的辅助之下，体育课程给学生带来了真正意义上的运动体验，也为学生提供更加富有真实感的课程教学体验。信息化时代的到来，教师可以采用数据汇集的方式，利用丰富的教学资源，帮助学生进行体能素质记录。不定期为学生记录体质测量数据，提高学生对身体素质的关注度，这对于提升学生的课程积极性、专注度是有积极影响的，同时也可以帮助教师实现体育教学的有效性。

学校体育工作要始终以学生为主，教师不仅重视学生的文化课成绩，也要看到体育运动对学生的必要性。有目的、有计

划地规划教学内容，体育老师应该充分利用教学时间，真正发挥体育课的效用，让学生在体育活动中既能得到放松，同时也会为文化课的学习塑造良好的身体状态。

二、体育教学的正当性

课堂教学不仅应当是有效的，而且应该是道德的或正义的，这是肯尼斯·斯特赖克所提出的有关有效教学的正当性问题。有时候在追求效率、效益、效能的基础上，会忽略对体育教学正当性的重视，往往看重的是成绩、荣誉。在教学中，教师往往重视那些成绩比较好的学生，对那些成绩差的学生或身体有一定缺陷的学生是不关注的。从整体上看，这样的教学可能会提高效率，但它是正当的吗？在体育教学过程中，教师为了让学生达到预期的结果，以损害学生的身心健康方式，有效地获取了成绩，这样的教学是正当的吗？

（一）正当教学的内涵

正当教学主要是指教学者的教学行为和教学实践应符合人类最基本道德的一种属性。从内容上来看，包括五个方面：
（1）正当的教学应当是符合法律要求的，不合法何谈正当？教师在教学过程中应当尊重每位学生受教育的权利。（2）正当的教学应该是平等的。教师要做到一视同仁，平等待人。（3）正当的教学要以学生为中心，要尊重学生，在教学中体现学生的主体性。（4）正当的教学应该符合道德的要求。如诚实守信、公平正义等。教师在教学过程中要养成学生的道德理念，培养学生成为有德之人。（5）正当的教学应该发挥教师的带头作用，做到宽严有度、松紧有法，才能保障教学的正当性。

（二）坚持正当教学的主要原因

1. 一味地强调有效的教学，而忽略了对正当性的重视

教学正当性是教学有效性的前提，教学有效性是教学正当性的核心，两者相辅相成，缺一不可。有些教师一味地按照学校过旧的制度去要求学生，逼迫学生去做自己不愿意做的事，最后的结果造成了学生破罐子破摔，甚至会伤害学生的身心发展。比如《国家学生体质健康标准》指出，有关教育部门非常重视学生的体质是否达到国家所要求的标准，各校必须准确地统计相关的数据，而多数学校为了应付，随意伪造，忽略了有效的正当性。

2. 一味地只按预设的结果来教学

教师在安排课时，预期学生在这堂课中所要达到什么目标，早已心中有数。比如教师在课前备课和准备等这一系列的工作在教学中是不可替代的，但这只是一小部分，它展现出了一种"生成性"，而它的生成性在于预设只是一种构思和可能，在体育教学实践过程中是无法预设的，有可能会出现，有可能不会出现。因为课堂是活的，而不是定性成哪样就是哪样的。教学的有效性过于注重预设性，而忽略了在教学过程中发生的意想不到的情景，一味地陷入机械式的教学观念。

3. 一味地以教师为主要角色

教学活动是教师的教和学生的学双边活动。常常提倡"以学生为中心，学生是主体"等话题。从目前教学来看，当运用到实践中去，两者之间的关系还是含混不清，没有体现出学生的主体性。教师在讲解时，剥夺了学生的发言权利，使学生渐渐没有发言的意识，像这样的教学能体现学生的主体性吗？在体育教学实践中，教师与学生之间、学生与学生之间有语言直接交流的同时，也要有肢体的直接交流，这样的交流会导致教学过程中的不可预测性，因此要注重教学的正当性。

三、体育正当教学应采取的措施

（一）保证每一位学生都有参与体育活动的权利

体育课程在中小学是一门必修课程，每一位学生都具有上体育课的权利。体育教师的职责不是禁止学生上体育课，而是鼓励学生积极参与体育活动。在体育实践过程中，有些学生不遵守课堂规则在课堂上调皮捣蛋或者有些学生身体有缺陷，有的教师为了提高教学的有效性，禁止他们参与体育活动，这就损害了教学的正当性。我们应做到：用自己的智慧和良好的教法去吸引学生，对于那些不愿意参与体育活动的学生，教师要积极地做思想工作，多去跟学生沟通；对于那些上体育课有困难的学生，教师要把他们领进操场，让他们观察体育带给人的快乐。

（二）要做到区别对待

"区别对待"教学原则在体育教学中尤为重要，因为在同一年级、同一层次的学生在智力方面可能差别不太大，而在身体素质和运动技术方面，他们存在很大的差距，因此会造成学习运动技术快慢的问题。为了提高教学的有效性，有的教师对那些学习较快的学生相当重视，而忽略了学习较慢的学生或身体有缺陷的学生，这样的教学是不正当的。要根据学生的身体素质和运动技术的能力、兴趣爱好，合理地分组，教师在有效性教学中要确保教学的正当性。

（三）确保以学生为中心

在体育教学实践过程中，学生也有自己的观点和主见，教师不要把学生当成是实现某种外在目的的手段。如一些体育老师片面地认为体育课以学生为中心，而自己讲解、示范、传授越少越好，把大量的时间留给学生练习，教师却成了闲人，学生迷迷糊糊地就上完了一堂体育课，这并非真正的以学生为中心。我们不应该让学生消极、被动地接受教育，而是让他们主动、刻苦、有创造性地去学习。不是说以学生为中心，教师的存在就没有意义了，而是要把两者结合起来，把握好课的尺度，才能使教学质量有显著的提高。

参考文献

[1] 刘涧，郑蓓蓓.现代高校体育教学改革实践与路径探索研究[M].北京：北京工业大学出版社，2020.

[2] 蔡文锋，刘亚飞，田登辉.高校体育教学改革理论与方法多维探究[M].北京：九州出版社，2020.

[3] 陈轩昂.新时期高校体育教学的改革与发展[M].北京：航空工业出版社，2019.

[4] 陈泽刚.高校体育教学改革创新与发展研究[M].长春：吉林出版集团股份有限公司，2022.

[5] 付超，庞晓东，梁晓倩.课程思政教育理念引领下的高校体育教学改革与实践探索研究[M].西安：陕西师范大学出版总社，2022.

[6] 郝乌春，牛亮星，关浩.新时代背景下高校体育教学改革与发展研究[M].北京：中国商业出版社，2021.

[7] 李慧.高校体育教学改革与科学化训练研究[M].沈阳：辽宁大学出版社，2021.

[8] 李建春. 基于素质教育视角的高校体育教学改革与发展探索 [M]. 北京：中国书籍出版社，2022.

[9] 刘景堂. 高校体育教学改革研究 [M]. 北京：中国纺织出版社，2020.

[10] 刘永科，齐海杰. 高校体育教学改革创新与发展研究 [M]. 北京：中国原子能出版社，2022.

[11] 栾朝霞. 高校体育教学改革与健康教育研究 [M]. 北京：北京工业大学出版社，2023.

[12] 马鹏涛. 高校体育教学改革创新与科学化训练研究 [M]. 北京：新华出版社，2018.

[13] 田应娟. 当代高校体育教学改革创新与发展 [M]. 长春：吉林人民出版社，2021.

[14] 王宝珍. 文化融入视角下的高校体育教学改革探索 [M]. 北京：中国原子能出版社，2022.

[15] 魏小芳，丁鼎. 高校体育教学管理改革与模式构建探索 [M]. 长春：吉林人民出版社，2022.

[16] 吴广，冯强，冯聪，主编. 高校体育管理体制与教学改革研究 [M]. 北京：研究出版社，2020.

[17] 张斌作. 高校体育篮球教学改革研究 [M]. 北京：北京出版社；北京出版集团，2021.

[18] 周遵琴. 高校体育教学改革与发展 [M]. 成都：电子科技大学出版社，2015.